第十一封信・The Eleventh Letter

滴答滴答的時間是生命

「時間不是金錢，時間是生命」，記得在書裡看到這句話時，隱隱被觸動了。

想想，是啊！得先呼吸著、感受到生命存有，才有可能感知和支配時間，從生命而有的時間，是兩個絕對、必然互存的關係，無法全然物質化；繼而進一步思索，擁有時間之鑰的人，如何運用和安放時間，都像是預先支出，日漸久後，就會化作相對應的生命／人生。

而佔據每個人絕大多數時間的工作，很適合拿來自問——這份時間是金錢還是生命？

這當然無法是簡單的選擇題，畢竟探討工作於現代、於個人的意義是個大命題，但至少可以是句拿來提醒自己的案頭問句，當陷入迷惘忙亂時、無法決定時、脆弱易感時，能釐清願意放棄和繼續下去的理由。

我想，不管是哪種工作型態，也許保有熱情和玩心，才能明白生命和時間的質量並非虛耗，而後成為一個不讓自己討厭的人，繼續面對生命送給我們最無價的時間。

主編　董淨瑋

遇見在地山神

in 花蓮豐濱

時刻 MOMENT

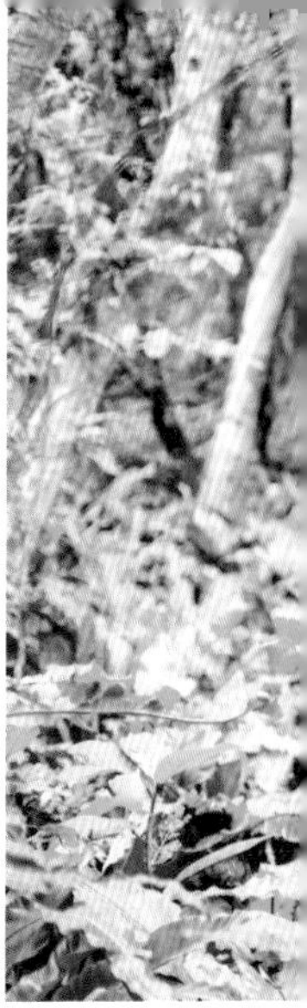

先前已造訪好幾次的露營地——高山森林基地，這次因參加媒體團行程，有了更深入認識在地的機會。

第一天中午，我們坐在小貨車後方，來到阿美族放牧牛隻的草原，坐在草蓆上享用傳統原住民料理。飯後跟著Ina到採集野菜的山徑認識各種原生植物，還參與了採黃藤的過程。隔天，聽基地主人小馬講述原本住在山裡的布農族祖先如何來到磯崎，成為會打獵又會捕魚的海岸布農族；並跟著走訪他們的獵人步道，帶著需要自己磨利的獵人小刀，來到步道裡的小溪旁，以鵝卵石沾水磨刀。每每參與，總是對原住民與自然共生並存的能力充滿敬意。

到基地那晚，還發生一件奇妙的小插曲，為了祈求天氣晴朗無雨，我們按照民間傳說：在紙上畫烏龜並且燒掉。隔天一早，帶著小孩去走附近小徑，竟然遇到一隻縮著頭的烏龜，當下以為是我們畫裡的烏龜跑出來了，小孩還嚷嚷著要帶回家養！後來得知牠是台灣唯一陸棲性、也是保育類的食蛇龜，才不捨的將牠野放回山裡。也許，牠是出來跟我們打招呼的在地山神也說不定！

盛琳
bibieveryday 主理人，在與小男孩和小女孩的日日生活中持續修煉著。

Evan Lin
攝影師、策展人、兩個孩子的爸爸，穿梭在工作與生活中的多重身分。

觀看 的 SIG

紅咚咚的蜜蘋果魔咒

in 台中和平

11月是福壽山的蜜蘋果採收期，三年前就和朋友說了要去，但總是訂不到住宿，去年底我們終於成行。翻過太魯閣，登高海拔2000多公尺，才到達台灣最高的農場之一。

和山一樣高的蜜蘋果果園，每顆樹都結實纍纍！農場主人隨手採下，切開後是滿滿的蜜腺，咬一口，清脆多汁，在產地新鮮現採果然最好吃！

採蜜蘋果的體驗費用是一斤300元，在路上我們先統計現

金，決定總共採收六斤就好！等農場主人解說完採收方法，我們便各自找尋心儀的蜜蘋果，我帶著相機隨手抓拍，沒想到再回到同行伙伴身邊，看到他們採收的成果時，驚嚇得冷汗直流……紅咚咚的蜜蘋果像是有魔咒，讓朋友一個接一個採，已經裝滿整桶還無法停止，顯然完全忘了先前沙盤推演的討論！

我趕緊收好相機阻止他們繼續，朋友覺得我怎麼這樣掃興，我才小聲的跟她說：「因為我目測應該已經超過15斤！」朋友驚嚇的說不出話，她一直以為一桶裝滿等於一斤，我深深吸了一口氣，覺得心好痛但又好笑，拍拍她的肩膀說：「沒關係！錢……再賺就有了！開心比較重要！」最後我們花了巨額，後車廂載著滿滿的蜜蘋果回到山下，開心的吃了一個月。

後來有朋友安慰我們，這暫時的失去理智，可能是高山症的一種吧？

林靜怡
宜蘭頭城人，現居花蓮壽豐，住在被山林擁抱和溪流洗滌的地方，與四隻狗二隻貓一起生活，創立「大樹影像」是希望能為被攝者留下些什麼，並讓世界溫暖一點。

願意回去的就是家

in 花蓮卓溪

在某種緣分驅使之下，我參與了一年一梯次的「布農技藝傳習計畫」，因此展開從「黃藤」認識布農的旅程，更讓我結識亦師亦友的Talima Istasipal。回想我們在南安部落編藤的那些夜裡，這位退休的士官長總會為我們說起他小時候的部落故事，以及他正在重拾的布農人生；他花了20年歲月在外頭當兵，如今回到家鄉，在夢裡看見自己真正想要的「根」，於是開始學習如何以藤編織，編出自己布農人的模樣。

學習計畫期間，位於八通關古道上的佳心舊社，有兩棟重建完好的石板建築，它們就佇立在森林深處；其中一棟附屬石板屋，是近年以更加傳統的工法建造而成，採取以黃藤取代螺絲與釘子，一圈圈纏繞，來固定所銜接的樑與柱的搭建手法。這種工法需要大量黃藤作為綁材，因此特別出動我們藤編班的許多同學，上山協助採藤及剖藤。

雖然當時我沒能來得及參與，但能想像現場會有的分工，一邊是石板組，一邊是黃藤組，兩個工班同時作業的畫面，當完成所有的前置作業，最後就由Talima將一條條的藤條固定住石板屋內部的樑柱框架。

我記得他這樣對我說：「這裡的人不是在蓋房子，每一個都是為文化接棒的種子」，老祖先留下來的，只要有人願意學，未來都有可能延續下去。

回家，每個人都應該有個可以回去的家，但對於許多原住民來說，家是族群的象徵，是先祖開墾的地方，是孕育文化的開端。前些

建築
BUILDING

觀看　　的

SIG

日子我因工作前往位於屏東的舊筏灣與舊平和部落，與當地的一位排灣族大哥酒後聊到，當年他自行籌措不知道幾個百萬，重建自己家族的石板屋，只因為小時候爸爸曾說過：「平地不是我們的家，真正的家在山上」，成了他後半輩子的願望，如今他在山下成家立業，而山裡的是他三不五時就想回來的石板豪宅。

或許是因為自己的名字中間就有個「家」字，小時候媽媽對我說過，這個字是要讓我成為一個愛家的人，或許還沒到驗證的時候……我仍在追尋更多不同的定義，家可以是建築空間，家可以是某種信仰，家可以是心靈歸屬，但只要有人願意回去的，或許就是家了。

邱家驊

躲在恆春十餘年的影像人，拿著釣竿就住海邊，不時也爬進山裡砍柴玩石頭。攝影是工作更是生活，快門之前是積累的日常感受，快門之後將消化成未知的養分，回饋給自己。

建築
BUILDING

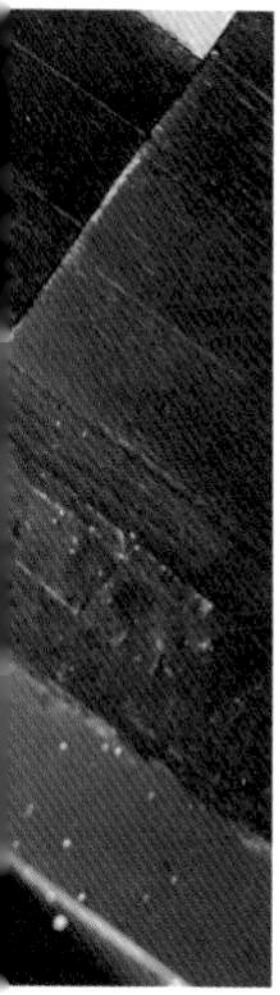

說掰掰之前，再走一次陡峭木梯

in 台北大同

不多人知道，台北西區有間低調的咖啡店。能看見入口的即是有緣人——「樓梯好陡SteepStairs」，而老許、Fion和陳英俊三個「人」，則是共同經營這間咖啡店的主人。

「我們之前曾在中國參與美麗鄉村計劃，拆掉不少老房子，其實覺得有點可惜，後來回台灣環島時認識了『有人在家』民宿的老闆官官，很喜歡他們改建舊房屋及尊重自然的理念，在心裡埋下與自然和

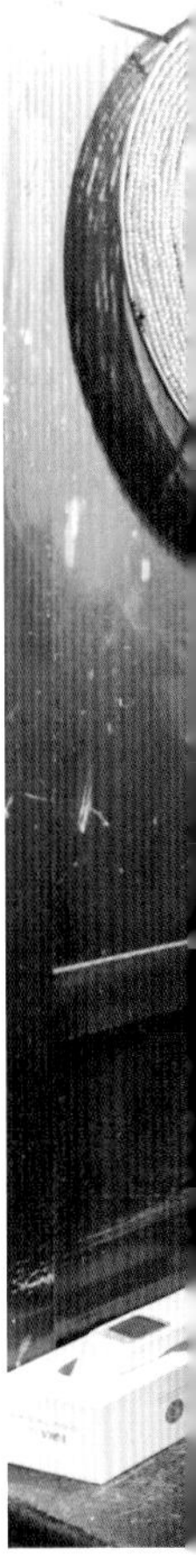

平相處的種子……看到好陡的空間後，新芽就長出來了。」Fion談起回台後改變想法的機緣。

「我們想要保留這裡以前的味道，也不會拆掉隔間。」因為這裡太美，Fion和老許眼見另一位租客想將空間改成韓風攝影棚，馬上搶先付訂金，成功租下這棟建築。2016年，店陸陸續續裝潢了半年，還沒開張、也沒有招牌，那時一邊籌備開店的同時，領養了曾在街頭遊蕩的浪浪——「陳英俊」，這隻純白帥氣偽裝成薩摩耶狗的狐狸狗，成為第三位店夥伴。

她們擅長和客人聊天，每個願意通過舊木門、走上二樓陡峭木梯開門探望的人，多半都成了老客人。多年來她們不厭煩地殷切招呼著，一次次講著這裡的故事。「一開始租下這個地方，其實不知道要做什麼？只有咖啡店，才能讓人卸下心防走進來、看到這裡。」這間房子保留著房東舊時生活的痕跡，有紅眠床、上下臥鋪四人房、日治時期的掌櫃桌……從陡峭的老木梯則可走到三樓。老許需要在陽台呼吸，陳英俊則在一旁和後面警察宿舍的貓咪們吵架。

「一開始的時候咖啡店生意不好，樓上還有一個工作室，我們靠著背包客撐下來了。」Fion憑藉著多年旅行40多個國家的體感，搭配Airbnb住宿平台讓老房子被看見，自己也獨具慧眼的挑選著她的客人。「這幾年有日德藝術家、荷蘭的城市策展人、瑞士老夫妻、聯合國工作者、和現在仍在台灣工作的都市設計師法國伴侶。」疫情之前，Fion默默成為國際交流第一線的「外交特使」。

「開店有很多的檻，因為有陳英俊在所以都撐了過去。」他成為老許、Fion和好多客人維持關係的存在。剛開店時他只愛美女，輕挑地纏著漂亮女生做著不雅動作，但英俊又像是霍格華茲魔法學校的分類帽，用一種動物的第六感直視眼前陌生人的內心，總能分辨出體貼友善的好人。

入口的門邊，有一扇陳英俊的專屬牆面，有許多「英粉」留下愛的肖像畫與文字。「英俊！你為什麼要一直叫呢？」是Fion和英俊兩人在店裡最常出現的對話，客人

當然不會因此感到煩躁，相反的倍感療癒。

就在今年2月底，因為都市更新的緣故，「樓梯好陡」即將結束營業，或許未來也將看不見這三位老闆了。

離開之後最想念的是什麼？「我會想念那些來過的客人。」老許回答道。感性的Fion說：「當我沒服務客人靜下來時，我會試著坐在每一個角落，那些時候都讓我感動。」那英俊呢？「汪、汪、汪。」他豪邁地叫著。

人 PERSON

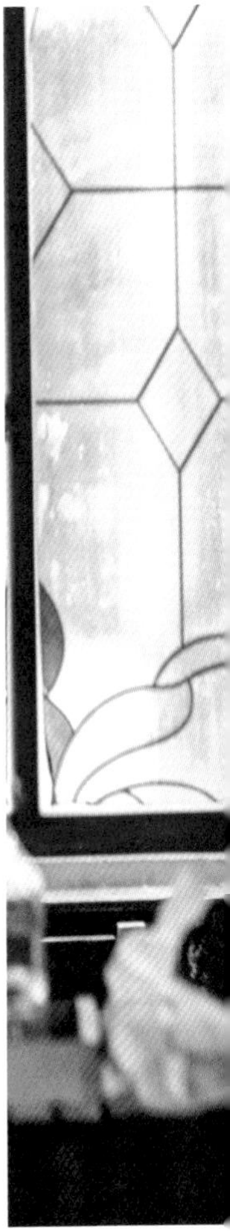

李政道
經營線上平台「西城 Taipei West Town」。曾有多年迷惘的只為廣告服務，在中國工作時認識了台灣。偶然的機會下台北小孩才從一攤攤質樸的小吃，走入其實風華絕代的老派台北。

目 Contents 次

地方兼業

Feature 特輯

Sight 觀看的視線

Another Life 另一種可能

Inside of Place 走進地方

Grow From Land 和土脈脈

Connection Online 國際連線

下班後，除了癱成馬鈴薯和魚乾，還可以發生什麼事？

不如利用這段黃金時間，來和地方發生關係！

兼業

一種在城鄉間移動、先在地方找到喜好單位，
並以自身專業投入發展的「兼業」，正悄悄發酵，
開啟改變工作和擾動地方的可能。

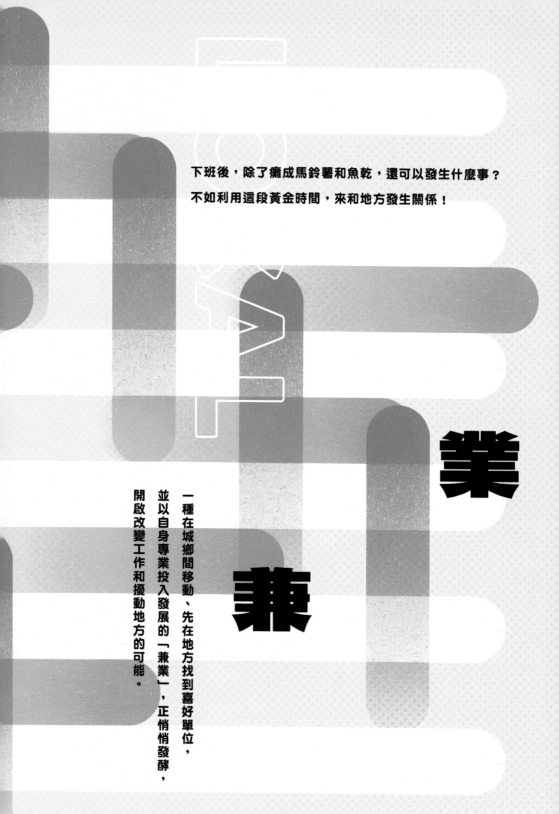

地方

地方兼業不同於打工、也不僅止於斜槓，
而是藉由熱情和專業，參與地方公共事務的工作型態。

得以打破固著的工作想像，尋求內心和收入的平衡，
為自己創造一種在地交往關係。

創造自己的在地交往

● 林承毅

林 事務所執行長，國立政治、清華大學講師，長於人本思維、體驗設計專業。近年透過公部門審查及在地陪伴，第一線協助地方活化實踐，並透過論述進行社會倡議。

● 王本壯

國立聯合大學建築學系教授，社團法人台灣社區營造學會常務理事。長年投身民間與公部門社區營造與地方創生計畫，近年育成年輕團隊投入地方事務。

● [illegible]

《東園誌》創辦者，家吶子居酒屋共同創辦人，加蚋仔地方組織「六庄」成員。透過輕鬆圖文傳達對地方的喜愛，感染予具有共感的群眾。

● 廖翊丞

平面設計師、插畫家、織品創作者，與《東園誌》共同創辦人多重身份。以設計專長投身地方兼業。

LOCAL
SIDE
JOB

流動性，為地方醞釀出新契機

文字整理—王涵葳
攝影—YJ

談及工作，多數人說出不只單個答案。

跟隨時代推演，兼業已是現今社會的常態。

帶有公共性的地方兼業，是源自討生活的意圖，抑或滿懷炙熱心意投身打拼？

透過關注地方事務的 **守望者、觀察家、第一線工作者** 的三方角度交流，

深談地方兼業的輪廓，與交織橫亙之中的實況景緻。

地方兼業談的精神是參與公共性事務，參與者運用過往專業來執行。

——請先分享自己看到和接觸到的「地方兼業」現況。

周盈君（後簡稱周）　自己就是地方兼業的案例，我從事設計工作，同時也和先生一起經營家吶子居酒屋。我在加蚋仔（南萬華）出生長大的，卻不太認識在地歷史，因為回來開店而做了地方刊物《東園誌》，起初覺得這是我能做到的，又是好玩有趣的事。

因為開店機緣，認識在地組織「六庄」，也加入成為一員，平日我們有人是服務業、老師、學生，大家共同點都是居民，都喜歡所住地方，因為發現加蚋仔沒有太多歷史記載，於是用假日時間，訪問老人家、做口述歷史、在地文史探訪的工作。六庄裡有個成員是國小美術老師，他會帶學生認識加蚋仔，探訪後的資料帶回到課堂上，引導學生做成自己的桌遊。《東園誌》也曾帶學生進行田野調查，認識店家、歷史，成果做成地圖呈現。而我的夥伴Eric，他是我身邊地方兼業最好的例子。

廖翊丞（後簡稱Eric）　我和盈君是插畫課同學，我們本業都是做設計，最初盈君找我，偏向打工性質、一起做案子。後來，她問我要不要一起玩一本刊物。因為我對文化事物一直有興趣，加上自己也生活在老街區，我們就一起跑店家採訪，陸續完成三期《東園誌》。

王本壯（後簡稱王）　以我的狀況，教書是正職，做計畫、參與活動工作算是我的兼業，在這過程中，我對兼業的定義是一定有回饋、有收益。但我想很多人對這件事看法是不一樣的，例如斜槓與兼業有什麼不同，兼業是指沒有固定領薪資的人？而正職是有嗎？

林承毅（後簡稱林）　我可以協助來定義一下。像盈君就是很好的例子，地方兼業談的精神是參與公共性事務，參與者運用過往專業來執行，盈君和Eric把設計專長發展在自己的社區。反之，如果兼業只是賺錢供給自己，和其他人沒關係，我覺得這是打工。

兼業特別之處，是它自成一個系統，本業跟你的兼業可能是相輔相成的，也可能與本業無直接關係。以盈君為例，她做《東園誌》是自己的品牌，六庄對於所有成員來說也是他們的品牌，兩個組織間互相協助，我對地方兼業的定義更趨近上述概念。

——認為過去和現在的兼業，有何不同和演變？

王 在我的認知裡，過往兼職的人很明確想多賺點錢，讓生活更好。而現在的狀況，在所謂正職和兼職中，很多人把兩者的目的清楚的區隔。我從學生的例子中看到，他們會在學生的身分之外到職場工作，甚至休學一段時間，這不一定是因為經濟的因素去兼職。對他們而言，是以體驗人生、學習成長的心態。如此的兼業收益不一定是金錢，也可能是無形的，轉化為資源、人脈、社會經驗。

在城市和鄉村兼業，整個社會脈絡是不同的。

Eric 自己跟剛畢業的年輕人聊天經驗中，確實發現他們的普遍狀態和老師所說案例很相似。因為找不太到自己要做什麼而向外尋求，也觀察到為什麼每份工作不長久的原因，多數是遇上工作不有趣而迷失，如果再面臨挫折，就會停滯下來。

林 這個時代已經很難綁住人了，不管是居住流動或是職業流動，在這世代都會被打破。我自己長年觀察日本趨勢，日本他們放寬兼業的政策，法規打開的緣故跟高齡少子化有關。原本企業擔心員工有副業後，會不會影響到本業，後來發現不會，反而副業的經驗會回到本業上，這大致是日本這幾年的狀況。

不過談地方兼業，還是要回到我剛說的要有公共性，像以前的仕紳和地方頭人，他們都會需要去參加地方的廟會集會，這些公共性事務會把所有人集結在一起，像盈君做《東園誌》就是很好的例子，他們會運用以前的專業幫助自己的社區、地方。

——認為「兼業」在城市和鄉村間扮演的角色？

林　兼業狀況其實在離島很普遍，像是馬祖年輕人都有三份工作。譬如白天在機場打火、假日當導遊兼職，有需要還要去撿骨行服務。而在部落的青壯年要肩負的責任，例如帶老人家看病、需要文書處理或勞力的兼業事務。所以當試著想要去定義，兼業在城鄉中的不同，我覺得受環境層面影響很大。

王　承毅提到的離島兼業情況，從不同的角度看，也許是家族跟社會關係的差異造成的。例如要去當撿骨師，有可能是因為繼承關係而被賦予的責任，在鄉村，有時候需要兼業是因為環境的要求而顯得無奈。在城市裡，就不太相同。

我觀察現在城市小孩背後的資源，至少會有父母兩人，若是算到包含祖父母，最多會有六個大人的資源，去支持他的理想。鄉村的孩子如果幸運一點，家裡有祖業，當孩子回到鄉村，是有機會幫自己找尋可能的出路，但也同時會承受周遭親友、鄰居的壓力，他必需去證明自己是有能力、可以成功，而不是沒辦法才回來。所以在城市和鄉村兼業，整個社會脈絡是不同的，兼業者的本心、起始目標，一面是比較現實的狀況；另一面則是偏向興趣、嗜好。

周　因為工作上會遇見不少年輕人，原因也如同本壯老師所說，他們背後擁有的資源基礎不缺錢，在沒有經濟壓力下，我看見的狀況是，來打工的原因多數是為了交朋友。

王　兼業在鄉村地區，透過政策如教育部USR計畫（大學社會責任實踐）的發展，對鄉鎮是有產生改變的。當地方看見新的力量進來，對固有結構（權力）來說，肯定無法立即接受。既便如此，地方人士其實明白年輕人是他們的未來，所以對學生、青年者多少願意去照顧。當有機會，例如換工學習，不同群體間彼此互助而產生經驗，地方上便有機會改變，讓新的力量進去。

另一方面，我在擔任一些計畫提案評審時，看見的最大困境，是個人或團體回到地方待得不夠久，深度不夠的走味現象，例如，老店在整修環境後口味卻不如以前，可能是技術步驟的缺失或者某些關鍵元素的不足，使得有些東西不能完全傳承下去，是比較可惜的。

另外，前幾年開始談斜槓，就我自己觀察，這三到五年的自由工作者越來越多，同時與企業家朋友聊現況，企業中有嚴重年齡斷層，30至40歲的人都在公司外自己接案。大家離職後都想做有趣的事情，於是兼業狀況也就產生，這趨勢將會越來越明顯。

——認為此現象與近年的政策走向，或生活型態有何關聯？

林 去年有個機緣，我協力花東的團隊找工作夥伴，確實也不少人想去工作，他們普遍的心境想要輕鬆工作。我常說不是地方型公司就很浪漫，只是相較於都市工作，離山海更近，不分地區，工作就是工作的狀態不會改變。

王 我曾協助文化部進行研究，調查打工換宿的群眾類型，可以分為三種：專業型、工讀型跟學習型。相對的權利義務跟責任會不太一樣，但目前相關法令規範其實都還不是很健全，因此當我們深入討論台灣社會是否鼓勵兼職？我覺得就政策而言，這隱藏意涵其實是不鼓勵的。

人與地方有流動，慢慢人才會回到地方，很多事情自然而然會發生。

林 政府目前推動的政策，時常會導入業師資源來與既有的補助行相輔相成之效，我認為這猶如添柴火般去推動地方事務。比如計畫給你十萬塊，這背後就是兼業精神，因為十萬塊根本無法養活一個人，不要說一整年，一季都不容易。

而政府計畫的目的是透過些許資源挹注，讓人能因為這個誘因進去，做些什麼，進而從關係人口到成為兼業者，因為對地方有憧憬後，才會想要前往，當去了之後就會產生想做點什麼的念頭。兼業的情況看似自然，但在前期還是需要透過一些機制的推波助瀾一番。

而日本常談的故鄉兼業、故鄉副業概念，對地方創生的檢核關鍵，不在於長住人口多寡。舉個例，有個人主業是工程師，他假日回家鄉賣咖啡，他在兩個地方生活，人與地方有流動，慢慢人才會回到地方，很多事情自然而然會發生。

——盈君身為地方團體，會怎麼運用和看待兼業人力？

周　以我自己來說，我不是很擅長文史，《東園誌》和家吶子居酒屋都是用輕鬆方式呈現。如果有介紹歷史、文史領域就會交給六庄夥伴去做。我們彼此有擅長的領域，如果有任務需要人力，可以相互支援。

我們居酒屋的員工很多都是《東園誌》的小幫手，我會先問大家有沒有時間、興趣，然後帶著大家走一遍流程，過程中，發現每個人有各自擅長的特質，接下來有活動、案子再找大家幫忙。因為《東園誌》現階段無法養正職，目前我還是從過往人脈中，去尋找有經驗可以合作的對象。

林　回應盈君所說。這幾年，我常建議地方團隊不要太大，這對財務壓力和地方運作不太容易。可以有個據點，聚集對地方有認同感的群眾，盤點大家的時間來做運用，成為團隊的利害關係人（stakeholder）。每個人有各自投入的餘裕，組織的地方能量才有可能很強，所以要有主要核心角色來扮演整合者，負責拿案子或倡議想法作為召集人，才能手一舉，就有人力過來共同完成專案。

很多兼業者後續都會成為創業者，人與地方建立起緊密或在住關係，我相信地方團隊身邊都會有很多兼業者，因為自身工作、計畫緣故，他們在這之中流動。為什麼地方不見得要很多人，因為也養不起那麼多人，而是有越多兼業者，可以流動在不同區域間，為地方工作醞釀出契機。

有越多兼業者，可以流動在不同區域間，為地方工作醞釀出契機。

——請分享接觸過的「兼業者」，其延續性和後續發展案例。

林　我一直在關注這個議題並倡議，所以蒐集了不少例子，如彰化市的「南郭國小」與設計策展團隊「大山行」，多年來定期合作以教育創新為核心的專案。老師想帶學生認識社區去做許多嘗試，像是走讀、轉換學生作品成為文本、繪本，都需要有設計能量的

共同參與。「大山行」的團隊用私底下的時間做專案，對他們策展團隊而言，就是兼業狀態。

這項合作計畫走了4年，其中也協助學校鄰近的歷史建築「南郭郡守官舍群」，其中一間房舍整理為創新教育基地，既保留古蹟也活化空間。下個階段「大山行」或許會轉換角色，退到第二線作為顧問，協助新團隊持續推動計畫。這樣的合作模式，從品牌角度來說兼業背後有很多可能性，是企業社會責任（CSR）；也是去嘗試未曾做過的事，從中發展新機會。

王　如同盈君前面分享自己團隊的狀況，當有任務要達成，進行過程會從地方找人來完成任務，過程中成員產生共同記憶與情感，後續有類似任務時，大家會常聚在一起合作，情感凝聚成為社群。成功運作後，經驗值又能返回到各自本業中，有人便從中發展出第二專長，甚至是第二人生的可能性。

我自己也是類似的狀態，我的專業是建築設計，後續進入看似與本業毫無相關的社區營造領域，是因為我學習建築設計裡的環境行為學，談的是人跟環境相互互動的關係與影響。在我的專業發展歷程中，開始碰觸社會的面向，好奇人存在環境中產生的行為跟活動，進而研究社會學、心理學等跨領域的知識。原本建築師是要設計如何蓋房子的，慢慢轉移成是要當「社會建築師」。

Eric　我是念中文系，因為對設計有興趣而開始自學，加入《東園誌》結合我過往累積的專業，有設計與文字，這過程也同時帶我進入地方。現在，我會詢問家中長輩自己居住地「豬屠口」（台北大同區昌吉街一帶舊名）的故事，讓我在創作脈絡帶來轉變，未來，我也期待有能力回到自己的地方進行地方事務。

——此趨勢對地方工作者／團體而言，長遠來看會帶來什麼影響？

周　我可以接案養活自己，地方兼業現階段無法讓我們養得起正職人員。我們需要第三個人來協助，因為接公部門專案，許多行政流程要兼顧，這是我很不擅長的；進到地方需要與人聊天交陪，也是我很不擅長的另個部分。都希望有人可以一起來分擔，遇到困境，我會去上課，參與聽講座找解答。想起每次我都會舉手發問，你們是怎麼活下來的，但目前我都沒有遇到一個商業模式。

另外2020年，街上的人一起成立商圈，我們這邊店家都很年輕，有第二代回來接手或是新創店家，大家都願意投入地方，也很多是六庄成員。成立商圈可以申請台北市商業處的資源外，從商圈出發，也能更近一步接近民眾，再拓展做更多地方性事務。

林　同意盈君想法，商圈或者街區，其實是一個滿好可以凝聚眾人，做些事情的標的。這幾年我都會跟來找我諮詢的地方夥伴說，如果想回鄉，但沒有家業可繼承的人，那我建議你可以去開居酒屋，因為酒精讓人放鬆，喝酒的地方，更容易聚集有趣、異質性高的人。

另外，我想分享兼業常發生在30、40世代的人，我更想倡議給50、60歲的人。台灣平均退休年齡是57歲，多數人對退休人生是迷惘的，也很多退休憂慮、焦慮的現象。如前面所述，不是老了之後才回鄉，事情總需要醞釀的時空背景，而是年輕時候就要與地方有所關聯，那才回得去。同時，目前看到的地方困境是人口年齡的懸殊，我認為地方兼業需要有不同世代參與。

但到底該如何倡議？因為台灣只有青年發展署，沒有中年發展署，這之中，又延伸去想，倡議退休人口返鄉兼業，會不會年輕人不喜歡長輩碎碎念，是否又會造成世代間的壓力，我還在思考。總歸一個地方需要有良好的生態系（ecosystem）必須要有不同世代的人。

王　承毅所倡議的事我很佩服，好像都在到處放火，點燃火苗後，只要有一處燒起來，就有傳承、改變的機會了！

林　投入地方事務或社會實踐，看到好多最後相互怨懟的結局，一直覺得很可惜，也思索著是哪個環節出了錯。後來想想，其實在行動前，或許可思考這件事情對自己有沒有

現代人平均壽命變長了，社會的變動又很快速，兼業就是一種因應大環境需求的能力。

用，能產生什麼價值，再去做；如果有用，幹嘛要怨懟，就是歡喜做，甘願受。所以，我後來常跟大家說，即使投入公領域也要先自利，才會利他，做地方事務要有這個認知，公共性並不代表你就是個慈善團體，而是這個利的背後，或許是賺到錢或是影響力。組織間，能開誠布公討論才能做的長久。

近年來，我協助不同青年團體，會和他們講這個觀念，並非利他才自利。

王 同意從自利的角度出發，因為在華人社會裡，從自己的需求出發是很關鍵的。最後，我常稱新世代嘗試的過程像拼圖，概念是尋找一塊一塊可能有用的圖片，從邊框的部分開始拼，然後完成整個理想願景。就好比實際生活中，是從身邊所有的機會開始測試，一份一份的工作去嘗試，多元的累積經驗與學習成長，逐漸走出自己人生的道路。這和過往長輩期待在單一軌道上，一直往前走的方式非常不同。

總結上述提到的，兼業是建構更多元的人生發展。因為現代人平均壽命變長了，社會的變動又很快速，兼業就是一種因應大環境需求的能力。在長年碰觸政策面的操作機制研擬後，近期我比較想專注思考政府計畫執行時應該被賦予的意涵，而這些意涵應該是對未來具有影響力的。

相信持續發展下去，配套的教育、經濟、政治，會有機會對現有體制產生衝擊。我還是鼓勵大家回到地方去兼業，進而讓多元體驗可以持續。

組織外部關係人口，建立可以協助進行地方工作的網絡。

海風季

他們掀起的陣陣海風，持續吹拂著苑裡，也捲入更多關心這片土地的人。

苑裡出身的劉育育和來自台北的林秀芃，在2013年反瘋車運動相識。認知到「社會運動不該只是救火隊」，他們留下來組成「苑裡掀海風」，持續挖掘地方既有價值。

地方工作是由點連線成面的過程。掀海風先是推廣苑裡友善農產與藺編作品，並藉田野調查一點一點深入地方；由在地人事物連線而成的小旅行，為之建立穩定經營的商業模式，也讓當地人看見農村的價值；2017年起舉辦的海風季，進一步為當地職人建立橫向連結，交織成更為全面的苑裡風貌。

第一屆海風季是一趟意外的旅程。初衷為聲援原住民傳統領域抗

將群眾、居民通通拉進關係網絡

文字—王巧惠　圖片提供—苑裡掀海風

爭，希望邀請巴奈到苑裡演出，孰料規模越滾越大。為了在臉書上募資，劉育育商請當地友人協助設計周邊商品，短短兩個月竟募得70多萬元資金和近40名志工。集結群眾的力量，第一屆參與者便超過4000人，為地方帶來驚人的效益。看似創新的操作，實為過去廟會有錢出錢、有力出力的模式，地方既有的公共活動辦理方法曾因人口外移而失落，如今在海風季長出新生命。

有時伏案寫計畫，有時下田幫農，有時田野調查，有時社會運動。「農村本身其實就很斜槓。」林秀芃解釋，農民種值不同種類的作物就算跨行，苑裡女性更在務農之餘以藺編創造收益。當年輕人回到鄉村，也自然地進入這種生活節奏。

掀海風團隊目前有4名正職人員、3名兼職人員及股東，然而他們的量能在地方不斷加乘：「我們很會組織外部關係人口，這幾年認識很多不同領域的年輕人，建立了可以協助我們進行地方工作的網絡。」

每一種地方工作都有一個最適規模。例如因108課綱進入高中教授公民課程，掀海風組織夥伴並調度2~4個關係人口協助課程或側拍，共6個工作人員投入有30個學生的課堂。「郭芝苑百歲誕辰紀念音樂會」包含音樂表演、靜態展覽和小旅行，他們將大型專案拆解成數個工作項目，投入全部的正職人力分工。不僅如此，跨域工作委由合作過的藝術工作者或博物館員執行；召集在外地工作的苑裡青年，週末返鄉投入志工行列；與成員以在地居民為主的郭芝苑音樂協進會合作，協助宣傳並調配人力。

2018年，核心成員合資創立「掀冊店」，在各種斜槓之外，另起支線任務。由兼職夥伴坐鎮這個與地方連結的基地，掀冊店以經營庶務填滿日常，化為當地恆常的存在。不定期舉辦的各種活動，將地方青年拉入關係網絡，甚至投入地方工作。他們擔任講師，分享專業領域的見聞；他們協力地方刊物《掀海風》，擔任採訪、美編或攝影。

利用社會設計帶起居民的主體性，形成一股正向循環。

書店自2019年更化身「教芋部」，用賣芋頭所得邀請遊子回鄉為高中生輔導課業，得到地方人士的主動響應。有居民特來購買芋頭，有青年一起投入教學，也有店家熱心宣傳，獲得學習資源的高中生，則以社區服務回饋。掀海風利用社會設計帶起居民的主體性，形成一股正向循環。

除了在苑裡掀海風，兩人在城市裡還有其他身份：林秀芃是青年樂生聯盟成員，劉育育則在台大城鄉所攻讀碩士。城鄉間的移動，使她們保有不同的視野，看見小鎮居民的離開與重返，也看見傾眾人之力為苑裡打磨出的熠熠光輝。

林秀芃、劉育育

苑裡掀海風共同創辦人

江美樺

「掀冊店」店長／「樂。斯屬」成員

2021年8月由實習生轉為正職，江美樺投入地方工作的最初動機，是求學期間負笈土耳其，在異鄉必須不斷介紹台灣，卻發覺自己對故鄉苑裡所知甚少。平時喜歡閱讀雜誌，尤其是地方刊物的她，發現《掀海風》這本屬於家鄉的刊物，開啟對於返鄉的無限想像。江美樺一畢業就回到苑裡，只為讓自己在日常生活中更有意識地與土地連結。

她主理掀冊店各項庶務，從陳列、策展、出攤、清潔維護到媒體宣傳，可說是無所不包。此外，她也擔任108課綱教育活動的助教，並帶領小旅行部分遊程。

不僅在掀海風裡面斜槓，江美樺也在「樂。斯屬」參與泰北華人村的文史資料搜集，並提供當地學子線上教育資源。兩個工作雖然時間上相互傾軋，但同樣指向地方創生，皆以挖掘地方特色為要項。她在任何一方中獲得的資源，也將帶動另外一方。

地方工作不受常規束縛，很多事情於她都是初次嘗試。江美樺持續感受地方風土，持續鍛鍊自己在田野中的手腳，自充滿彈性的環境中，長出更為堅韌的主體。

兼業夥伴

張嘉佟

建築研究所學生／掀海風兼職人員

2019年參與郭芝苑故居的蟲蟻防治講座，張嘉佟與主辦的掀海風團隊相識，對這群用心耕耘自己故鄉的工作者產生好感。而後掀海風獲國發會補助，邀請他擔任計畫型兼職人員。一方面研究所課業僅餘論文尚未完成，時間可以彈性運用；一方面論文以平溪的城鄉發展為題，也和地方創生有關，張嘉佟在2021年6月回到苑裡，成為掀海風的一員。

大學曾修習相關課程，也曾因工作深入南投丹大的布農部落，繪圖之餘兼及田野調查、社區營造等業務。張嘉佟對地方事務頗感興趣，而掀海風兼及理論與實踐，將在教室裡習得的知識真正應用在地方，深化他在景觀設計領域的視野。

除了書店庶務，他也協力各項對外工作。當有撰寫報告、製作簡報的需求，或活動涉及空間配置及勞作，他便以自身專業提供輔助。然而參與後才發現，地方工作實為長期的累積，人際網絡一旦中斷便無以為繼。原定2021年10月移動至論文基地，張嘉佟在地方工作不斷的情況下，迄今尚未啟程。

職稱非第一，交工才是成事關鍵

文字—王巧惠　圖片提供—我愛溪州

社群每一種人都必須要有，每一個環節的人都很重要。

「在農村，起毛子（khi-mó-chih，台語心情之意）比錢還重要。」陳郁涵笑稱，每當活動發生突發狀況，巫宛萍總能搬到在地的救兵。若說她是哆啦A夢，鄰里就是她的百寶袋。這樣的應變能力，有賴於她在彰化溪州搏了十年的感情。

巫宛萍、陳郁涵、蕭雅方各有主理的品牌工作，仍在地方組織兼職推動地方發展。她們所屬的「我愛溪州」，與其說是一個團隊，更接近溪州的在地社群串連，目前核心的組織群有三：彰化縣莿仔埤圳產業文化協會（簡稱「莿協」）致力地方文化及理念推廣，並設計各項食農體驗遊程；溪州尚水友善農產（簡稱「尚水」）是鼓勵友善農法、完善契作制度的社會企業；社團法人台灣基石純園協會（簡稱

泥染體驗

「純協」）以純園做為基石華德福的辦學基地，也對外舉辦環境教育活動。「一個地方要好，其實是方方面面的事情。」三個夥伴單位分別指向文化、產業、教育等不同領域，實則共同描繪溪州的輪廓。

一如「我愛溪州」的組成，其主力活動「黑泥季」雖用莉協的名義向外尋求資源，實由所有夥伴單位一起完成。以來自濁水溪的肥沃黑泥為名，2015年開辦的黑泥季，結合音樂、戲劇、市集、競賽……等元素，讓大眾更親近溪州這片土地。2019年「我愛溪州」復辦黑泥季，少了鄉公所的合作而人力大減，他們首次嘗試對外招募夥伴，意外募得近百位青年志工。黑泥雖經歷幾年沉潛，其力量仍持續在眾人心中發酵著。

夥伴單位目前的編制為莉協5

人、尚水7人、純協4人。陳郁涵任職的純協，由每位夥伴輪流操作各項專案，例如森林環境維護調查、自然建築工作坊、泥染工藝體驗或小森林音樂會，各由一人主導，分配並追蹤其他夥伴的工作細項。隸屬莿協的蕭雅方是小旅行負責人，也是「我愛溪州」的社群編輯，經手臉書、網站、電子報等宣傳內容。巫宛萍目前由莿協聘僱，延續過去在尚水的經驗，疫情期間推出「阿畝ㄟ菜市仔」蔬菜箱，推動在地農產的銷售。

除了單位內的專職人員，各單位也會依活動需求聘請短期工作人員，或委託外部人員執行按件計酬的田野調查；莿協經營的旅宿空間「大圳屋」，則聘僱當地務農的柬埔寨媽媽協助房務及接待。鄉親朋友時常為「我愛溪州」提供各種臨時人力、物質或技能的支援，眾人不分你我，自然而然融為社群中的一份子。

「我愛溪州」不以職稱定義彼此，並依照活動性質與個人專才時而交工。例如在莿協主辦的小旅行中，由純協帶領以黑泥為素材的泥染體驗；舉辦大型活動時，由具音樂背景的夥伴跨單位負責舞台與節目安排。農鄉資源有限，需借助彼此的能量，才有辦法完成不可能的任務。「我們這個社群每一種人都必須要有，每一個環節的人都很重要。」陳郁涵較擅長專案的整體執行，巫宛萍善於串連社群及尋求各界資源，蕭雅方則是協助主責人提升專案品質的能手。由各種專業類別與工作風格的夥伴，共同織就這一張綿密而周延的網。

交工並不只存於這三個單位之

巫宛萍

「阿畝Mud Club」創辦人

「我愛溪州」成員

10年前，巫宛萍是一個初到溪洲蹲點的研究生，她因「我愛溪州」團隊而留下，不小心變成彰化媳婦。

起因於學長邀約而參與溪洲文化季的藝術踩街，當時濁水溪以北尚無社造操作過的場域，感受到這裡從無到有的無限可能，巫宛萍選擇在溪洲撰寫研究論文，而後遇到一群用心經營地方的夥伴。

身為穿梭在三個單位中的變色龍，巫宛萍深知地方資源有限，必須依靠外部計畫的補助，擅長為社群尋求資源的她，以其長期養成的計畫提案能力，支持著農村裡的各種發生。

巫宛萍在這裡成長，也在這裡長出自己想做的事。成為一個母親之後，她發現母職其實是能力強大的角色。她將莿協主理的「與泥共生」共創基地一樓打造成「阿畝Mud Club」，集結地方媽媽的能量，共同經營這間社區小店。除了提供小食小酌，也試圖照顧媽媽的身心，藉由這個空間的人際交流，為雙方創造充滿溫度的時光。可惜阿母實在太忙，阿畝暫時歇業。

各種資源與心理支持，更是他們實現所想的最大能量。

間，更集結群眾的參與。以純協今年舉辦的生態建築工作坊為例，活動結束後純園完成了生態建築的建置，參與者則獲得相關知識與技能。透過人際互動打造硬體建設，雖然不如聘請工班有效率，卻可以創造更多與外界對話的機會。

除了單位任務之外，「我愛溪州」的夥伴各有希望在農村實踐的理想。例如尚水有夥伴關注文化資產，整個社群便支持他以其特長設計老屋調查工作坊。他們在工作中累積經驗與人脈，而社群自由開放的風氣，以及各種資源與心理支持，更是他們實現所想的最大能量。以「我愛溪州」統稱的三個單位，如其名凝聚起地方力量，吸納深愛地方的工作者，歧出各種可能的枝枒。

兼業夥伴

陳郁涵
蕭雅方
「木木」創辦人／「我愛溪州」成員

「樹林間我們如根，而冒地而生而活。」這是陳郁涵和蕭雅方共同創立的品牌——「木木」，在網站上的自述。

來自田中的陳郁涵和出身田尾的蕭雅方，2020年在花蓮一個土地相關的場域中相識。兩個南彰化人，因爲同樣關注環境議題，因為發覺對於自己的文化根源不甚了解，雙雙選擇回到故鄉。她們以自然素材為媒介，經由農耕、工藝、藝術、教育等面向，嘗試與大眾對話。

為了探究自然素材和彰化地區的關聯，「木木」在田中大社社區找到過去專事打草鞋的技藝者。她們向因工作而建立關係的農民搜集大量稻草，終於說服阿公舉辦草鞋工作坊，也為這個地方技藝留下記憶。

不同於城市裡得以閉門創作，在鄉村想要完成一件事，必須仰賴地方的動員。由於品牌價值與吳晟老師的純園有契合之處，兩人於2021年3月加入「我愛溪洲」團隊，將視線從自然素材轉向地方。

以薪資的角度來看，兩人在「我愛溪洲」屬正職，但對她們而言，「木木」才是他們精神上的本業。雖然地方工作佔據時間甚多，品牌的經營時常擱置，兩人在此卻是豐收的。除了穩定的收入，在「我愛溪洲」擁有理念相近的夥伴，因工作而累積的經驗與收穫的人情，也滋養著這個新創品牌。

LOCAL
SIDE
JOB

火箭人實驗室 ⋯⋯⋯⋯ 地方連線 · 屏東

人人都是經理、也是隊員的有機體

文字—王巧惠　圖片提供—火箭人實驗室

每個人都是專案經理人，每個人都是其他專案團隊的隊員。

在恆春半島上，有一群自稱「火箭人（Launcher）」的青年。他們進駐恆春古城東門邊的老屋，以恆春舊名「瑯嶠」的相似音為名，承襲地方古意，成為一個瑯嶠人；滿載各領域的創意能量，組成發揚地方文化的發射器。

火箭人實驗室負責人張彥頡過去從事藝文相關工作，2018年為愛移居恆春，在充斥觀光產業的環境裡，「一開始不知道自己能在這裡做什麼，就先花很多時間到處跟在地人聊天，才發現這裡的每個人都很厲害，卻沒有交流的機會。」他舉辦「Launcher」分享會，聚集地方青年及其各色恆春生活。而後

與在地深耕者、音樂人、書屋主人、插畫家組成一支8人艦隊，試圖擾動這座百年古城。

隨著專案增加，實驗室逐漸延展成公司的規模。現下主要有正職員工5位、專案員工6位，以及與里山生態公司共聘的員工2位。公司內部沒有所謂的組織，更接近一個不斷變動的有機體。因應不同的案件規模，專案團隊的編制可大可小，小至一場分享會，大至半島歌謠祭——由張彥頡擔任策展人，下設音樂、硬體、行銷、設計、行政、舞台6個統籌，總人力大約100人。無論案件大小，皆由一人主導，每個人都是專案經理人，每個人都是其他專案團隊的隊員。

火箭人目前專攻藝文領域，尤以聲音設計為主力。從2018年接手半島歌謠祭的轉型開始，音樂統籌Summer鑽研傳統民謠，團隊建置聲音資料庫並進入校園傳唱，更與春吶時期即居留於此的音樂人嘗試「老調新聲」共創新曲。2019年和台南人劇團合作的舞台劇《半島風聲 相放伴》，由在地民謠藝師與青年學子共演。插畫家Ofelia與音樂人黃可樵合作聲音繪本《朵朵的禮物》，轉譯滿州民謠及深藏其中的女性故事。

除了固定舉辦的Launcher與

在此駐留的每個人，都有為理想而勞動的浪漫。

二手市集，火箭人也經常辦理各種活動，例如與馬來西亞檳城的線上對話講座；或承接非常態性的專案，例如與雲門舞蹈教室、關渡文化藝術基金會合作的新埤鄉大成國小轉型。而恆春當地的美好風光，宜露營、登山、騎馬、騎單車，火箭人也即將發射到戶外活動領域，舉辦運動賽事，並培養在地人成為產業相關工作者。

呼吸著南國自由的空氣，在此駐留的每個人，都有為理想而勞動的浪漫。眾人望之卻步的行政工作，初期曾落在張彥頡身上；也曾在活動前的凌晨3點，接到器材廠商請辭的電話，他仍一派樂觀：「對我來說夥伴真的很重要，所以我會用『價值』努力說服對方。」只要能在時限內有好的成果，張彥

（攝影／邱家驊）

阿琪

里山&火箭人共聘員工／插畫經紀

選擇從事地方工作的人，可能會有這樣的個性：想要離開都市，看看地方的各種可能。阿琪正是基於這個理由，從台北來到屏東。

自屏科大研究所時期就投入地方工作，2015年她正式移居恆春，先是在學長林志遠的邀請下，從事里山生態公司的行銷工作，火箭人成立之後，成為兩間公司的共聘員工。

近年專案工作以火箭人佔比較大，阿琪延續在里山的工作經驗，擔任半島歌謠祭行銷統籌。同時主導火箭人的出版計畫，在2021年出版繪本《朵朵的禮物》，也集結在地居民故事出版《LAUNCHER COLOR：走過日曬風吹的100種半島生活》。

身兼數職的她，同時也是「鉛筆的里程數」插畫家Ofelia的經紀人，以及兩個小孩的媽媽，在總是不夠用的時間裡，阿琪藉由自己的專業領域深入地方，看見更多元的想像。

沒有所謂的組織，更接近一個不斷變動的有機體。

頡支持夥伴離開實驗室，盡情享受屏東的日曬風吹。

為了保有與大家同在的時間與空間，火箭人在2019年合資整修東門老屋為「城東大院子」共創空間，「至少我們有一個空間，你想到的時候會回來這個地方。」城東大院子成為當地青年交流的基地，吸引更多年輕團隊進駐。

在從事地方工作的過程中，張彥頡維持著他的任性：「當你沒有想要追求『擁有』，然後有理想地做每一件事情的時候，大家都願意敞開雙手，把資源提供給你。」城東大院子由屋主低價出租，專案收到各方正面的評價，公司穩定成長進而擴編。雖無一般公司制度化的福利，火箭人替新進夥伴解決住宿與財務等生計問題，藉由各種派對、餐會促進夥伴關係。

張彥頡也以夥伴的個人成就優先，想從事插畫創作，團隊就出版繪本；要舉辦攝影展，團隊也有策展資源。以恆春為家的火箭人們，在城東大院子的各個角落恣意蔓生，根系深植地方風土，舒展充滿創造力的新葉，長成自己理想的生活樣貌。

張彥頡

火箭人實驗室負責人

兼業夥伴

（攝影／小安）

Summer

藝生／音樂人／火箭人專案員工

「我覺得都是生命在選擇我。」2012年定居恆春的Summer，順流來到滿州民謠的四言七句前。以「輕鬆玩」樂團主唱身份廣為人知的她，2018年起參與半島歌謠祭，不只是台上的表演者，更是幕後的音樂統籌。

做為火箭人的創始成員，Summer嘗試操作各種音樂領域專案，在活動中獲得截然不同的成就感。然而KPI、經費等壓力，也是她未曾經歷的人生體驗。

歌謠祭的籌劃過程中，Summer接觸並意識到地方音樂文化的傳承困境，延伸出「老調新聲」的音樂實驗，更走向藝生的修煉之路。2020年，Summer正式成為滿州民謠人間國寶——張日貴藝師的弟子，以古調傳習為業。

火箭人創造她深入地方文化的契機，流行音樂創作轉化為興趣，藝生則是她的個人實踐。面對年逾90歲的藝師，Summer深感習藝的迫切已非每月50小時的學習時數可以追趕，下一階段她或將轉移重心，兼職角色易為「藝生／農夫」，在地方專注實踐很民謠的生活。

Nini

英文補習班教師／火箭人專案員工

去年夏天，Nini展開一半一半的新生活。喜歡自然勝於大都會，她每週往返故鄉高雄與恆春；火箭人只是她的身份之一，每到下午，就變身小朋友的英文老師。

過去的經歷在恆春產生新的連結與意義。曾為成大文創育成與研發中心專任經理，而後職涯一路傾向餐飲創業。原為火箭人的餐飲合作提案而來，實驗廚房專案仍在醞釀，她卻被恆春的山海留下。目前策畫執行的專案有：舞台劇《半島風聲 相放伴》之「耳朵劇場」有聲書出版和宣傳影片製作，大成藝術實驗小學網站改版和在地對接。

初為增加收入的補教工作，意外成為另一個文化實踐的場域。Nini在英語教學中融入肢體律動，正是實驗小學專案「以身體引導學習」的理念實踐。

工時彈性的專案與穩定的教學工作並行，Nini在這之中快速切換工作模式。更多時候的她，早上浮潛曬太陽，傍晚騎車賞夕陽，收入雖不見得優渥，但對她來說，這樣的生活平衡和內心平靜更為豐裕。

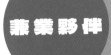

思考一件事時，「人」的角色變得立體，不再只考量營收、毛利。

Q

❶ 請簡單說明自己的正職和兼職工作。

❷ 如何分配正職、兼職的時間和心力？

❸ 兼職多年來，最重要的收穫和改變。

❹ 有無重新定義「工作」是什麼。

A

❶ 正職是販售台灣優質農產的業務，工作內容包含經營電商、為企業客製專屬禮盒，以及協助地方物產的品牌規劃與行銷服務。

因曾經在旅行社工作，需要跑田野調查開發遊程，偶然認識位於屏東瑪家鄉的料理工作室——小農餐桌，和店主變熟之後發現彼此個性非常契合，也有想要一起完成的事，就從2020年12月正式加入團隊。目前主要負責協助對外聯繫、工作安排，還有菜單、活動以及整體營運的內容討論，對外都會笑稱是「經紀人」的職位。

GRAND 2 藍巧芸

27歲，處女座，台中人北漂到台北工作、兼職屏東地方事務，還有部分靈魂散落在台南跟蘭嶼。喜歡收集閃亮亮的人事物跟風景，希望能透過自己讓更多人愛上台灣這座可愛的島嶼。

和部落長輩、媽媽，一起從料理挖掘更多傳統知識。

兼業生真心說

每一個人都可以是很重要的角色

文字、圖片提供—藍巧芸

A

2 週一至週五的上班時間會專心處理正職工作，下班後或假日才回覆兼職訊息。但近期兼職工作多方位展開，例如參與到產品定價與成本控管、協助撰寫企劃案、整理訂單資訊或製作演講簡報，甚至接到媒體邀稿……等，這些驚喜都不在原本的計劃裡，對我來說很新鮮、有趣，也需要更有效的管理時間。

努力傳達傳統農耕的工作室，創辦人Muni正在向客人介紹植物。

活動結束後，跟孩子們一起吃點心休息。

3 A

我覺得是思考一件事時，「人」的角色變得立體，不再只考量營收、毛利，或是能換取的行銷資源，而是會同時思考這次的餐點跟誰有關係、以及希望怎麼跟這些人建立關係。

小農餐桌想守護的是排灣族傳統農耕的知識與文化意義，其中的關係人包含了生命經驗豐富的長輩、種植傳統作物的農友、想讓家人吃到健康食物的媽媽、培育下一代的教育工作者、對原住民文化有興趣的遊客……等等，當有訂餐的需求進來時，我們會依照不同的期待，設計私廚、教學、烘焙、外燴等看似混亂的營業項目去串連彼此，例如出餐時邀請會唱歌的朋友來表演、或是請部落媽媽幫忙負責煮醃肉湯，而且幾乎每次的內容都不會重複。

同時，我們會先去農田看看最近有生產什麼、請教部落長輩處理的方法、回想過去類似場合吃過的食物，再透過自身轉譯，將觀察到的內容融入料理，例如使用小米培養野生酵母製作麵包、或是使用芋頭粉醃肉作成Pizza……。並在每一次跟消費者接觸時，訴說食材是從哪裡來、怎麼被生產出來，又是因為想著誰而變成一道料理的，藉此傳達食物其實蘊含著互相幫助、照顧的心意，希望消費者在品嚐的過程中能感受到——「自己也是這個互助循環系統裡很重要的一環」，而能更有意識選擇吃下去的食物。

這種有機、完全客製、沒辦法規模化的商業模式，拿到任何一間企業都可能被駁回，但在這裡卻成立。我認為是願意與地方夥伴們一起共好、且發自內心替客人著想的心意，被牢牢接住了，客人才願意再介紹朋友來認識我們、讓我們活到現在。

這件事有讓我變得更溫柔一點，讓我在面對正職工作時，更願意站在客戶的角度思考需求，協助解決問題。

為了拍攝刊物，Muni示範如何製作Avai（小米粽）。

工作的回報
不一定只能用金錢衡量。

A 4

我認為工作的回報不一定只能用金錢衡量，例如我兼職的薪水是不定期會收到小米野生酵母麵包和熟食料理，讓我從來不需要擔心冰箱斷糧，還有每次到屏東時都會有像回家的歸屬感，以及認識到許多研究原住民傳統作物的有趣朋友，接觸許多未知領域的有趣知識。

地方兼業技能GET

也曾帶朋友們去來義的義林部落學習傳統料理。

如果要為兼職地方事務點出一些技能，我覺得是「積極」、「不設限」還有「把自己歸零」。

積極是因為地方事務容易因為人力短缺、沒有完整的組織，不會像公司一樣有主管階級把工作統整好分發，常常需要自己觀察後、主動喊聲說可以協助哪個部分。不設限則是可以從每個人擅長的項目著手，會設計的人可以繪製插畫、製作包裝或產出社群素材；財務能力很強的人，可以估算產品成本、設立停損點等等，每一個人都可以是很重要的角色。

然後遇到沒看過或不知道的事，不一昧以過去經驗判讀，願意多詢問長輩多記錄；例如全台灣的小米品種其實可細分到40種以上，有釀酒用的、做Avai（俗稱小米粽）用的、做小米糰發酵用的……很多學問都是越挖越深，也越覺得需要被更多人知道。

LOCAL SIDE JOB

兼業生真心說

找到一件很喜歡的事情，讓它發光發熱

文字、圖片提供─羅秀芸

1

正職是蘭嶼「在海一方」書店的老闆，兼職是部落社區發展協會會務人員，名義上是會計，實則是在各式不同的活動裡，依擅長的領域協力分工。協會業務包含社區綠美化、傳統手工藝或文化課程、飛魚季歲時祭儀、球賽以及一般慶祝活動，服務對象為部落居民。我的分工主要為文字撰稿兼美編、活動宣傳、企劃，以及常態攝影師。

最初加入協會是因為好友時任理事長，邀請我成為夥伴。部落裡擅長文書作業的年輕人多半離鄉在台灣打拼，會內長期缺乏人力，正好當時我需要多一份收入來平衡生活所需，便欣然答應。陸續待過兩個不同部落的協會，兼職累積將近4年時間。

除了協會以外，由於過去有在地採訪經驗，有幸進一步與地方文化工作室合作，共同進行部落歷史的田野調查與撰稿，為期2年。

GRAND 4 羅秀芸

嚮往游牧的書店女子，出生到現在搬過22次家，小時候搬家是不得已，長大後察覺移動過程中，屢屢挖掘出自己不曾意識到的可能。目前移居遙遠的離島，卻感覺最貼近自己內心，是個喜歡走遠路的人。

書店看起來經常休息，其實也是為了和「生活」取得平衡。

所做的事情都不像是工作，而是「真正」融入在生活裡。

❶ 請簡單說明自己的正職和兼職工作。
❷ 如何分配正職、兼職的時間和心力？
❸ 兼職多年來，最重要的收穫和改變。
❹ 有無重新定義「工作」是什麼。

A

2 協會的例行工作會盡量利用書店休息時處理，或是開店以前完成。但若遇到歲時祭儀和重要活動，則會在固定的店休日之外臨時店休，盡量以部落事務為優先。寫稿通常在深夜，萬籟俱寂時比較能夠慢下來爬梳思緒、敲打鍵盤。

對我而言，協會讓我多了許多機會親近、更了解部落一些，也因為長時間相處、彼此熟稔且信任，才得以被族人支持著，在此安住並開展一家書店。儘管書店是主業，但投注在兩邊的心力佔比幾乎是各半，兩邊同樣重要。也因為時間大多數切分給書店和協會，需要寫作時便得從睡眠時間來分割，聽起來很不健康，但目前還沒有更妥善的解方。

協會活動較密集時的確偶爾感到勞累，渴望休息。說來有趣，多數人對島嶼生活的想像應該是步調慢、日子輕鬆悠哉，但深入其中的我或其他朋友常是工作爆量的狀態，休息的方式反而是出島一陣子，回台灣好好吃頓麥當勞或火鍋牛排，看場電影，剪個頭髮，才有放鬆度假的感覺。

非工作時間，也習慣帶著相機幫大家捕捉生活片段。

A 3

事情如果沒有好的結果，那是因為還沒到最後。

「事情如果沒有好的結果，那是因為還沒到最後。」常常想起這句話，無形中不斷安撫一向急性子的我，在無數回合的衝撞當中，學會了幾件事。

一是淡定，魔鬼藏在細節裡，但在島嶼，多了一份必須應對自然的淡定。你可以提前做好準備，但準備的再妥當也總有猝不及防的意外，像是辦活動前夕風浪不佳交通中斷，小至海報背板、大至講師與合作單位都無法順利前來，沒關係，總有其他方式可以把活動辦完。心臟要很強，風頭浪尖上臨危不亂，在離島生活久了必使你勇敢。

二是沉澱。過去我好像都太強迫自己，因為生活壓力，承接一些並不是真心喜愛的事情。也因為這樣，當時間被佔用，就感到煩躁與著急。在部落與人們接觸日久，感受到另一種「慢」，那個慢不是動作和步調，而是心態，你要慢下來，待著，給腦袋一點時間沉澱。「待著」，是青海藏區藏人教會我的詞，就是什麼也不做，只與自己共處，看過一部紀錄片說：「需要停下來等待靈魂跟上自己的腳步」，多麼中肯和相似。稍等片刻，等靈魂同步跟上，再拎起她一起去做喜歡或重要的事。

三是歸零。把從前積累的「台灣經驗」暫且擱到一邊，不要總試著複製貼上。過往經驗的確是某種養分，但來到與俗世有些距離的島嶼，首先就是歸零，歸零之後才能真正去感受土地、環境與人。

地方兼業技能 GET

1一最好會騎車或開車，尤其在離島，距離感會自動放大加成，沒有交通工具很難只靠自己去到任何地方。

2一內建臉部偵測與辨識系統。部落的人際網絡尤其緊密，大家都是靠「臉」吃飯，每個人都記得誰是誰的小孩、誰昨天在海邊釣到白毛、誰上山挖到豐碩的地瓜，乍聽與自己無關緊要的人或事，都會突然變成某個溝通環節或祭儀活動的關鍵。

3一「慢下來」。因為地方規則不可循，需要隨時隨地保有彈性，退一步、停下來觀看每個人怎麼面對和處理，有時不處理甚至是最好的處理。不急著有所發揮，緩慢中，自會重建秩序。

歸零之後才能真正去感受土地、環境與人。

A4

朝九晚五的日子似乎離我很遙遠了，在這裡，沒有人在乎妳以前是什麼樣的人、做過什麼工作。海水浸透後，每個人都是新的一頁白紙，用島嶼的語言和節奏，重新塗寫在這裡的故事。所做的事情都不像是工作，而是「真正」融入在生活裡。

早期對工作的追求是績效、加薪、職位調升，然而經過種種洗牌、歸零後，明白生存不需要千篇一律。找到一件很喜歡的事情，讓它發光發熱，成為自己的支柱、間接傳遞溫暖給他人，是我現階段在工作裡最渴望實踐的。

在協會積累的經驗，無疑都為書店增添了溫度與厚度。

飛魚季以外的日子，天天在海邊陪伴大家為比賽進行練習。

LOCAL
SIDE
JOB

兼業生真心說

休息是在不同工作中切換

文字、圖片提供—陳建成

GRAND 6 陳建成

水瓶座，AB型，是天生的不按牌理出牌，包括法學院畢業卻從事行銷公關，在都會發展數年後轉彎回鄉。近年在苗栗開業「共發」選品店，也是文字創作者「發粄」，並且努力參與地方事務。

1 A

以一般人對職業的想像來說，我現在大多是文字創作者「發粄」，以及很多的時間是「共發」選品店的經營者。真要說自己的正職或兼職是什麼？我會想要問工作或職業是什麼，由這個角度出發來說，我覺得自己在做的事都圍繞在品牌打造，所以我也是一個「在地品牌工作者」。

2016年離開台北公關公司的工作，回到苗栗之後雖然還是受雇做行銷企劃，但伴侶承接「十元雜貨鋪」經營，所以到了晚上我就得切換不同思維，變成一間店的老闆參與營運討論，嘗試在商業之餘實踐我們對在地的想像。

2019年末，維持著受雇者身分，和伴侶開了第二間店「共發」，包括文具選品零售，也舉辦各種在地活動；2021年，因孩子離開職場，少了受雇身分看起來變單純，卻不減反增多了在地協會、《苗圖紙》刊物編輯、平面設計等等多元身分。

共發選品店主要販售經典文具、創作家作品。

2021年，在店務、創作的夾縫中創辦《苗圖紙》刊物。

A

2 維持節奏、紀律很重要，尤其現在是自雇者，還是每天早上換好衣服，到工作室「上班」，在固定的工時內處理分配好的業務範圍，盡量一次只專心做一件事情，同時要盡可能的今日事今日畢，否則，會有很多意外！

但實際狀況是一不小心就亂成一團，甚至常常都會超時工作，畢竟很多事情是沒辦法一刀切開的。因為大家是認得我們這個人，不是依據工作項目，所以工作內容就容易混雜在一起⋯⋯可能原本拜訪對方是要聯繫寫字創作的專案，聊一聊也許又會討論到店務經營，工作時間就會拉長。

這時就有一個很重要的切換開關，「夠好就好」！例如編撰《苗圖紙》刊物時，資源就是沒有那麼充裕，縱使內心非常想繼續精雕細琢，最後還是告訴自己要適度放過自己，並且更充分授權和信任夥伴，不然事情永遠有進步的空間，弄到後來顧此失彼會損失更大。

Q

❶ 請簡單說明自己的正職和兼職工作。

❷ 如何分配正職、兼職的時間和心力？

❸ 兼職多年來，最重要的收穫和改變。

❹ 有無重新定義「工作」是什麼。

顧店時，很多時候也同時在處理其他工作事務。

抱持樂趣的心，身兼多職，以有限資源發起好評的市集。

A3

我認為大家都可以適度兼業，所以我認同「休息是在不同工作中切換」。因為職業倦怠是在同一個領域裡固著太久，而不是我們真的厭惡工作；再者，兼業或許讓我們稍微有些奔波，但能使自己有更多的彈性想像生活，甚至在不同領域裡截長補短。

例如當我焦頭爛額寫完企劃時，我可以期待稍後轉換身分去寫字創作，或是進行相關文獻閱讀等等，讓自己感受到生活裡有選擇，更重要的是這些工作還能產生累積。想像一下，平行時空裡有另外一個我，每每寫完企劃就癱在沙發上放空，幾年之後，還是一個只能寫企劃的人；然而，真實時空下，看著練字所累積的字帖，心中會相對踏實許多。

不同工作間也會有互補學習，例如在做藝文工作時會累積美學經驗，就能延伸思考零售工作可以怎麼融入美感；另一方面，也思考零售所帶來的競爭思維，如何幫助藝文工作更具有市場價值。

綜合來說，兼業最大的學習就是「做事沒有定式」，在不同工作中切換時，這件事情會不斷的提醒自己，也不斷的再次挖掘出更多樂趣。

有一個很重要的切換開關「夠好就好」—

地方工作最開心的事情，莫過於能和朋友一起不務正業，嘗試各種可能性。

A 4

對於「工作」這件事情，隨著年紀和接觸面向不同，開始產生不一樣的想像。以往覺得工作無非就是朝九晚五，往復在一個專案接著一個專案，現在慢慢覺得工作並沒有一定樣貌，可以在不同身分中切換，可以彼此友好互助，都是因為「兼業」讓自己突破固有工作想像，並且從不同工作領域中獲取成就感。

尤其在當今社會高度分工下，許多人只面對眼前工作的片段領域，顯得自我價值感薄弱，透過身兼多業其實能讓自己看見完整的狀態——我們可以在多個面向具備有功能，也可以有很多生活樣貌，原來自己是如此無限可能。

兼業能使自己有更多的彈性想像生活，甚至在不同領域裡截長補短。

地方兼業技能GET

在地方上兼業最重要的是好奇、尊重和分享，不過在踏出第一步之前，必須盡可能清楚自己的本心。我們可以藉由地方兼業豐富和完整生命，但是這建構在自己必須要清楚知道在探索、經營什麼，否則很容易產生誤會，或是繞了一圈不知道自己為何而忙。

由此開始向外拓展，抱持好奇心多問一句、多試一下，地方工作可能會蹦出意料之外的發展，也許就能運用在其他工作上。同時，因為不同工作項目也許會有不同人我界線，需要帶著誠心尊重和分享，使每個夥伴之間都能以各自舒適的姿態互動，愈加透明和釋出訊息有助於維繫信任，會讓業務切換之間更流暢，這些都是工作能力之外很重要的特質。

因應產品需求進行玻璃鑽孔加工作業。

Q

1. 請簡單說明自己的正職和兼職工作。
2. 如何分配正職、兼職的時間和心力？
3. 兼職多年來，最重要的收穫和改變。
4. 有無重新定義「工作」是什麼。

A

1

目前從事玻璃製造加工業，工作內容不是吹玻璃瓶的匠師，也不是藝術彩繪玻璃的職人。但只要大家走進連鎖咖啡廳，眼睛盯著冷藏櫃內的甜點、蛋糕時，就會遇見我的工作成果——「專用展示櫃」的「玻璃」。

一台展示櫃的大大小小、內內外外，不論方形、還是變形的曲面玻璃，都是玻璃加工製造的作業範疇。雖然是工業化生產，很大部分卻需要仰賴人工來進行，像是裁切、磨邊、彎曲變形、鑽孔等等，除了要求尺寸精準，更細膩地講究玻璃磨邊的美感，將玻璃晶透明亮的特質，映在展示櫃內的商品上。

在工作之餘，自己也參與了「打狗文史再興會社」NGO的工作，如同展示櫃玻璃的性格，自己不是主角，多以協助支援的方式來讓團隊運作順遂。會參與在地NGO組織，應該感謝當時市政府的促成，當2012年傳出要拆遷哈瑪星一處深具歷史意涵的街廓，打算將它開闢成停車場，消息一出，在地熱愛文史的市民朋友與社區居民一同集結、抗爭，而後組織成立了「打狗文史再興會社」，來為文化資產與居民發聲。

會社成立至今，在一般日常事務協助外，自己也運用求學時期的研究專業背景（產業文化資產保存、永續都市生態環境）與繪畫興趣，為來此的民眾進行導覽服務，透過解說推廣在地文史教育，並設計一系列老屋戳章、老屋插畫、年節手作剪紙等，希望能為高雄文化環境盡一份棉薄之力。

GRAND 9 鄭耀翔

1982年生於高雄。平日是位一早就穿梭車陣、趕著上班的玻璃工廠師傅。下班就會像超人變裝，從勞動者變身文青咖，參與「打狗文史再興會社」會務，擔任理事一職（無給職），協助導覽解說與課程，推廣在地文史。

讓興趣與理想，發揮社會價值

文字、圖片提供—鄭耀翔

2 在玻璃工廠工作時間非常固定，每天朝八晚五、見紅就放，不同於一般在辦公室的工作型態，必須在工廠現場操作，也沒辦法把工作帶回家，下了班就是屬於自己的時間。

但在工作時必須全神貫注，因為剛裁切好的玻璃十分銳利，在後續的加工程序中，一不留意，手上就會被劃出一道道傷痕，有時細微到察覺不出，但噴酒精消毒時，就會強烈感受到傷口的存在。加上玻璃尺寸隨著櫃子大小而定，遇到施作8尺、10尺的櫃子，玻璃面積大又厚重，一天下來，回家都已經體力耗盡，只想趕緊洗完澡，好好休息。

能投入文史推廣與創作的時間，算一算只有晚上與假日。特別在假日期間，都會安排走讀導覽活動、或是相關推廣課程，然而事前的環境勘察、爬梳文獻、資料準備、研究討論，都必須提前好幾週來進行。像是每年春節前夕，我與太太都會一起設計新春手作剪紙，讓NGO組織義賣，傳遞民間春節剪紙的文化。寧靜的夜晚，聽著深夜廣播，沉浸在屬於自己的剪紙世界，調劑生活，也讓興趣與理想可以發揮社會價值。

自製春節虎年剪紙商品，提供會社義賣捐款。

所有努力與投入都不會白費，只是等待時機與環境。

為會社自力修復的河川老屋，設計手繪明信片。

A3

工作、興趣與理想，能否合一？如何共存？是生涯規劃的大哉問。在工作領域，我必須敬業樂群、取得工作成就外，也希望將自己先前所學及興趣有所發揮。因為我相信，所有努力與投入都不會白費，只是等待時機與環境。

對於文化資產的喜愛，從學生時期的欣賞者，更進一步，成為守護者、為它持續發聲，進而協助經營NGO組織。過程中，看見自己從躁進的青年，漸漸思索「我是誰？」、「我跟高雄城市的關係是什麼？、「如果沒有這些老建築，自己會不會在這個城市失根？」……等疑問。

在2012年的契機下，這群多元領域的集合體，透過各種形式來影響社群，關心在地文化環境，希望更多朋友一同感受常民生活的價值，因為在地認同與珍視，不再迷失。從這些總總過程裡，看見自己的學習成長：成為文化導覽員、培訓講師、業餘插畫家，一路上的促成與鼓勵，與一群無私的夥伴前行，是最無價的收穫。

4 工作，對我來說，能引發社會貢獻的就是值得的工作。

在玻璃工廠，因為我的工作，讓許多咖啡廳、蛋糕店、百貨美食街，能將商品有質感地展現在顧客面前，享受悠閒與愉悅氛圍，進而促進消費與經濟流通。甚至在會社進行老屋自主修復時，可以提供玻璃專業知識與資源。在文史NGO組織中，則運用所學的專業背景與興趣，透過教育推廣等多元形式，持續精進，讓更多力量來守護文化、產生在地認同。無論正職或是兼職，兩項工作都讓自己很有成就。

舉辦導覽解說培訓課程，與學員分享經驗與技巧。

能引發社會貢獻的就是值得的工作。

運用木工班舊木料概念，開發「木繪書」杯墊。

地方兼業技能 GET

在時間有限的狀況下，如何保持熱忱、投入心力參與NGO工作，是很重要的功課。

我認為應該讓自己像個小孩一樣，對世界充滿興趣與好奇，這樣才會有無止境的學習動力；另外，還要勇於挑戰自我，無論大小，無論成敗，都會找到自己的價值感；最重要的，就是懂得珍惜身邊事物，因為一切美好都不是理所當然的存在，是需要仰賴眾人努力。學習欣賞、探究細節，會發現處處都藏著故事、等待發掘。

帶啤酒散步，喝一圈舊城風景

文字—林亞璇　攝影—Evan Lin
圖片提供—津采酒業

近年台灣出現許多小型的自釀啤酒品牌，除了在風味上追求創新和個性化，也**透過品牌傳遞對環境永續、地方特色、傳統文化的關注**。位於竹北的津采酒業也在這波浪潮中，釀酒師林坤生將新竹風景、特色物產化作釀酒靈感，

更以啤酒為媒介，偕同酒廠夥伴Matt展開推廣新竹文史的有趣行動。

難得遇上陰雨的新竹午後，李元璋老師帶路的北門街散步，以舊時熱鬧的商店街為主軸，途經百年歷史的周益記老宅、鴻安堂藥房、長和宮媽祖廟、鄭家聚落……，一路上看建築式樣透露的生活變遷，聽更多的是有趣的民間軼聞、巷仔內小故事。

林坤生在散步隊伍裡聽得津津有味，他也熟稔這街區的種種，隨口就說上幾段有趣的：葉大粒粉圓、天人國藥房的四果湯，是在地人最愛；長和宮媽祖像有撮頭髮是真的，某年還請信眾將其頭髮梳妥再出門；西大路上原定為古蹟的「太原第」古厝，在幾年前的除夕夜被屋主強拆，十分可惜……。聽林坤生講起地方文史滔滔不絕，不難理解他創辦的精釀啤酒品牌「津采酒業」為何要舉辦這場舊城散步導覽——賣好喝啤酒是初衷，透過啤酒展開人們認識這座城市內裏的機會，則來自林坤生對家鄉的一份使命感。

舊城回憶，牽引創業品牌核心

出生新竹南寮海邊，林坤生大學念數學和畜牧，但他從小就愛看歷史小說，發現家鄉的發展歷史久遠於大稻埕後，像是打開寶庫般，上街散步、上網爬資料常有驚喜和收穫。他特別迷戀舊城區的老建築，百看不膩北門街的歷史遺跡、中央路的連走老屋，除了對舊時美好榮景的遙

1 鴻安堂藥房超過百年，第四代老闆會熱情分享用藥知識與藥房歷史。 **2** 即將在2月上市的「拱辰」啤酒，取名自北門舊名。 **3** 北門街是新竹人舊時生活中心，可從供給民生的藥局、棉被鋪、各式小吃與廟宇聚集窺見。

想，之中也有著成長回憶。「小時候大年初一，我都會跟外公提著三牲進城拜拜，從城隍廟、天公壇、關帝廟一路拜到竹蓮寺……，結束就可以去吃好吃的。」

興許是被外公領著走過舊城區、小吃滿足口腹之慾的記憶，一路牽引林坤生到新竹，也成為自創品牌的核心。10多年前林坤生本來只是啤酒廠投資者之一，卻意外喝到走味啤酒，讓他跳進自釀領域、嘗試在家裡廚房「HomeBrew」，2018年夏天在竹北成立「津采酒業」。

不喜花俏酒款、偏愛經典滋味的林坤生，融合新竹舊城區的主要地標——東南西北四城門，在酒款命名、酒標設計、啤酒風味上

4 桔醬啤酒為「在地創作」系列首發，酒標由見域設計。

5 桔醬是新竹地方特產，發源、集中在新埔一帶。

6 參加北門啤酒散步的林坤生（右），和朋友邊喝啤酒邊聽導覽。

聯想，讓品牌長出鮮明的在地意象；例如即將推出的「拱辰」即是呼應北門與冬天，林坤生說在釀酒師的聯想裡，北門有帝王之氣，所以這支啤酒酒精濃度高達11.5％，闊氣十足。

因遺憾與渴望分享，展開文史行動

而在桃園龜山舊街區長大的產品經理Matt，則對新竹舊城相仿的生活氣息與人情味有種熟悉的親切感。身兼酒廠業務的他常拎著酒去結識新朋友，也喜歡在巷弄間閒晃街拍，還到新竹社區大學修習「在地文史書寫與編輯」課程，將興趣深度鑽研，應用到酒廠品牌經營、產品與活動行銷的實戰上。

兩人對文史的共同熱忱成為品牌的重要DNA，只有自己在酒廠裡聊太可惜，也因深知這個領域學問之深，對外分享仍須謹慎求證，索性找來文史專家深入聊個過癮。隨著城門系列四支酒即將集滿，Matt構思了「啤酒散步」的可能性，想讓大家拎上啤酒，邊喝邊聽舊城故事，於是邀約在社區大學結識的老師李元璋領路，帶著販售津采啤酒的店家們、新竹鐵道藝術村的駐村藝術家，試走了一趟北門街小旅行。「很多新竹人其實都不太了解自己住的地方，加上新竹有許多外來人口在此生活，覺得我們應該能多做些推廣與分享。」林坤生說。

酒食小聚，為了解密地方物產故事

忙著籌備拱辰啤酒的同時，另一款「桔醬啤酒」也將上市第二個批次；使用新埔百年老店「義順製冰廠」的桔醬，全程參與發酵，能在這支啤酒中嚐到桔醬的鹹酸甜、甚至是尾韻的些微辣感。這是林坤生嘗試投入的「在地創作」系列，尋找新竹14個行政區的特色物產入酒，有如日本「地酒」珍視在地獨特性的特質。「關西有仙草、寶山有柑橘和黑糖、香山有荔枝……，酒可以輕鬆拉近人之間的距離，用酒來說新竹故事再適合不過了。」

Matt為桔醬啤酒做功課時，發現全台的桔醬產地高度集中在新竹，歷經一個多月的資料追溯與爬梳，推測出結論：桔醬除了因著客家節儉精神誕生，可能根本地來自日治時期，酸桔本為嫁接柑橘所用，卻因各項政策下柑橘無法輸出而「滯果」、酸桔連帶過剩的背景。

有趣的取材發現成為分享素材，加上啤酒隨和易搭餐的特性，讓Matt找到使用新竹特色食材、用新方式演繹傳統客家味的餐廳「或者拾肆味」，讓桔醬啤酒搭上

SIDE JOB DATA

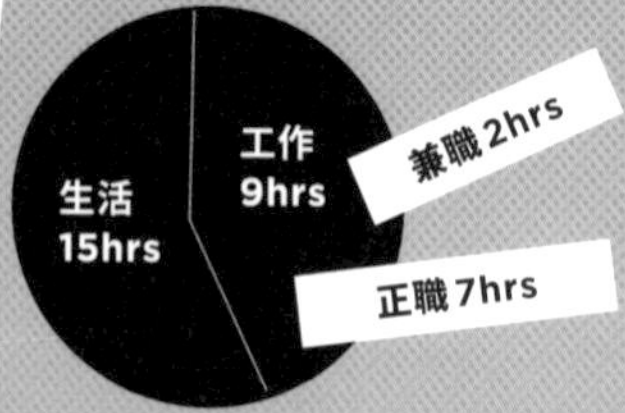

林坤生

正職／兼職工作	釀酒師／地方文史推手
兼職年資	大約2年（約2019年中開始相關活動）
團隊組成	產品經理Matt、助理釀酒師匡框
支持系統	啤酒經銷店家與同樣關注在地事務的夥伴
收入比例	推廣在地文化活動還未能形成額外營收， 多是以行銷酒款為主要出發點。 而酒廠營收約七成為代工釀酒，三成為自產酒款販售
忙碌高峰期	活動規劃多跟著啤酒上市時間，但啤酒買氣以夏季最高， 也是酒廠較忙碌時期

7

特製炸雞，合辦一場解密新竹桔醬與風土的酒食小聚。「我們不敢以一個文化品牌自居，但希望啤酒可以加速相關活動或人脈的媒合。」

用最棒的社交飲料，讓人們聚在一起

做地方啤酒品牌本就不容易，創立3年多卻遇上2年疫情，作為主要經銷夥伴的餐飲店家生意大受影響；是小酒廠的韌性，也出於地方同業互挺的情意，津采響應由紐約精釀啤酒廠「Other Half Brewing」發起的國際性「All Together Brewing Project」，使用主辦方釋出的配方釀造限定酒款，以相對較低的價格賣給餐飲店家，邀請消費者關注餐旅產業的困境、以實際行動支持。他們自行吸收較高昂的釀造成本，與幾家同業共同釀造，舉辦了酒廠開箱發表會、啤酒小聚聊天，引起不錯的迴響。

想做一個帶有新竹標誌、在地意識強的品牌，要有深知資源如何聚合的觸角，要有串連地方行動的號召力，一次次茶餘飯後的喝酒閒聊、活動合作都是累積。Matt

7 城門系列的酒標設計，藏著城門意象與酒款風味的巧思。 **8** 餐廳主廚從桔醬啤酒得到靈感，創作出巧妙搭配的炸雞小點。 **9** 舉辦啤酒自釀比賽，由林坤生和同好、同業擔任評審。

說，他們接下來還想辦地區性的自釀啤酒比賽，持續推動啤酒與新竹文化小型論壇、舊城街區散步等活動，期待未來能長成屬於地方的嘉年華。「啤酒是我們認為最棒的社交飲料，用啤酒讓人們聚在一起、有機會談論身邊的大小事，久了說不定能成為一種地方特色。」

大可專注釀酒本業就好，卻因著對文史的興趣、新竹的情感，而兼做地方文化的傳播者、促動關注者。在林坤生與Matt的理想中，新竹的滋味不只要封存在一支支啤酒裡，還要走進日常場景中，形成立體的認知與有感經驗。

WORK 01

塑造產品在地故事

考究地方文史資料，聯想啤酒風味、命名酒款、發想酒標、書寫產品故事。例如城門系列啤酒「迎曦、挹爽、歌薰、拱辰」皆參考城門額題意，在酒標上展現城門與季節意象。

新竹地景系列中的「鳳凰橋」酒款，則來自經典台語愛情電影《難忘的鳳凰橋》，帶出新竹青草湖曾為電影取景地的歷史。讓酒標成為消費者的第一印象，也是分享新竹故事的觸發點。

WORK 02

規劃舊城散步導覽

以城門系列啤酒為引，計畫持續與資深文史工作者李[illegible]老師合作，規劃四條從東、南、西、北城門延伸的舊城街區散步，預計一季推出一場（不排除反應熱烈加開），一路導覽街區歷史、品飲啤酒。而除了知識含量較高的文史導覽，也希望有機會與其他在地夥伴合作，發展出踩點創意店家、市場的型態。

WORK 03

地方夥伴舉辦活動

將啤酒視為輕鬆的社交飲料，展開各種主題性的啤酒小聚，例如與「或者拾肆味」合辦的餐酒小聚，由餐廳主廚創作搭配桔醬啤酒的下酒小食，在活動上分享客家桔醬、新竹風土的小故事。在疫情艱難時，發起「新竹職人小串連」，聯合餐旅同業舉辦啤酒小聚、共同聊天打氣。也受竹松社區大學之邀參與體驗舊城夜生活的活動，或以地方品牌的角色，加入地方夥伴「見域」策劃的展覽。

兼業面面兼

課外冒險

文字—李佳芳　攝影—許翰殷
圖片提供—好棟Goody

有首歌高唱「我的未來不是夢」，但對特殊教育的孩子來說，未來卻比夢還要虛無。為了使理想落地，**一群熱血教師在下課兼差**，重啟記憶的老冰店帶孩子玩創業，要把傳統村子扭轉成為友善共融的社區，

提前為孩子打造可以在地終老的一片樂土。

一群熱血教師的

1 獲得歐陽萬德阿公一家人的支持，終於有自己的據點。此為冰店改造前的樣子。

2 因為教職進入小槺榔，鄭吉軒一行人思考教育可以為街庄帶來什麼改變。

從Google地圖探測嘉義縣的朴子，地方被扁平化為色塊、路網與紅氣球，當點擊放大地圖，跳出的重點也越多：客運站、市公所、故宮南院、長庚醫院……然而地圖上卻有許多灰色地帶，是無論看得多麼近，依然顯示一片空無的地方，譬如說，朴子東北被簡略為「小槺榔」（甚至還寫成錯字的康）的街庄，即是大地標再如何亮眼，也無法照亮的失落之地。地圖上的空缺，往往也意味著資源的匱乏，當溫飽成了問題，教育也被輕輕放下。

重新思索教育的可能

5年前鄭吉軒離開TFT計畫（Teach for Taiwan，為台灣而教），來到朴子大同國小的特教班任職，因為渴望嘗試不同的教學方法，曾經積極地想離開嘉義。直到有次家庭拜訪，一位家長憂心忡忡地問：「老師，請問我孩子的未來在哪裡？」專研特教領域多年，鄭吉軒很明白大部分身心障礙孩子長大最好的歸宿就是回到社區，但當他看到小槺榔的現況：青年人口大量外移、人口老化嚴重、隔代教養問題……等等，不禁嘆了口氣。

「這個社區無法提供未來給我的孩子，他們的問題我真的無法回答。」抬起埋首黑板的頭，他看見眼前的孩子們，純真的眼瞳映出自己的迷惘，使他墜入教育與社區的應用題，觸發一連串尋找答案

的過程。「如果特教孩子最終都進到機構，那義務教育究竟可以做什麼？」面對這個無解的問題，鄭吉軒很想知道答案。

熱血教師 聚眾創業

看到教育現場的困境與盲點，鄭吉軒想把教育拉回到居住的地方，建立生活化學習與社區關係，也許特教孩子在離開學校後，可以有機會回到熟悉的家鄉。訂下目標後，他先在學校與社區找夥伴，很快消息發散出去，在介紹下認識了資優巡迴老師的劉冠妤、在嘉義市任教的陳亭君等人，在「青年社區參與行動」計畫的培力下，共同組成「好棟Goody」，從福安宮的

SIDE JOB DATA

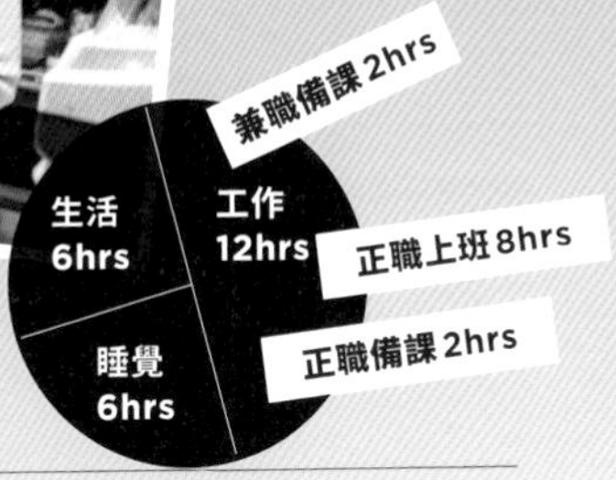

鄭吉軒、劉冠妤、陳亭君

正職／兼職工作	教職／社區工作者
兼職年資	3年
團隊組成	團隊—（5人） 兼職—（3人） 並有親友團擔任假日志工
支持系統	歐陽萬德阿公一家人、社區發展協會、里長、在地農友
收入比例	正職100%、兼職0%
忙碌高峰期	7～8月暑假，學校老師最清閒的時候就是最忙碌的時候

里民中心角落出發，開始他們職業之外的冒險。

「但是計畫推動不到三個月，我們就遇到非常大的挫折，導致課程有點失敗。」事後想想最主要原因是不熟悉社區吧？因為初期的想法很模糊，他們曾經討論過復興小槺榔的「種槺製帚」工藝，但當地居民表示較期待學習新東西，在努力找尋下，他們發現當地有不少書法家，感覺習字適合全齡學習，「應該」是不錯的青銀共學媒介。

「殊不知當地有許多老農是不識字的，再加上不小心捲入地方團體的紛爭，村民為了不得罪人，所以都不來上課……」鄭吉軒苦笑，自己明明想為社區服務，結果卻被人指著鼻子罵，當時真的滿慘。

用老冰店喚醒社區

或許困難就像試用期，挺過就能得到認可。在失去里民中心的據點之後，默默觀察他們的一位大哥，竟然主動伸出援手，協助牽線過去「萬得雜貨店」的歐陽阿公，而已經舉家搬到基隆的阿公聽聞後，特地和家人回到朴子見他，不但同意他使用雜貨店空間，更把許多雜貨店的老故事也送給他，使「好槺Goody」走出低谷，發展出「萬德冰店」的運轉模式，透過開冰店來融合課綱，使班上孩子得以回到社區延伸學習。

對鄭吉軒等人來說，開冰店是他們全然陌生的事，讓他們正好回

3 從前老雜貨店的藥籤服務，轉化成吃冰後的抽籤活動，藥方換成治癒心靈的小語。 **4** 老雜貨店掛上暖簾開張，重現昔日「新店仔」風采。 **5** 樑上懸掛的老照片已泛黃，但重返老雜貨店的人們，卻還記得歐陽阿公的故事。 **6** 鄭吉軒（中央）與夥伴們把萬德冰店打造為另類的教育基地。

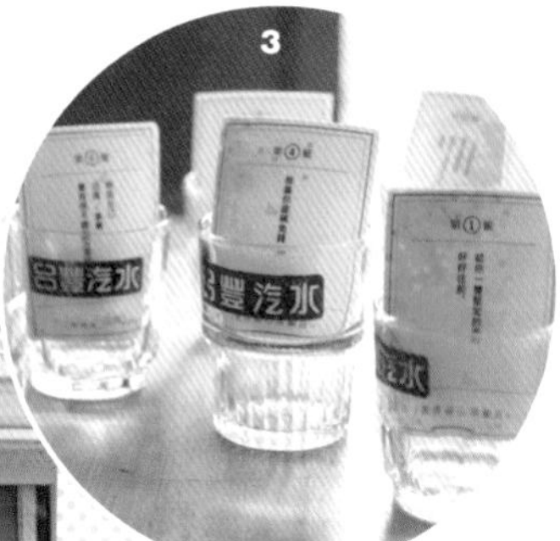

5

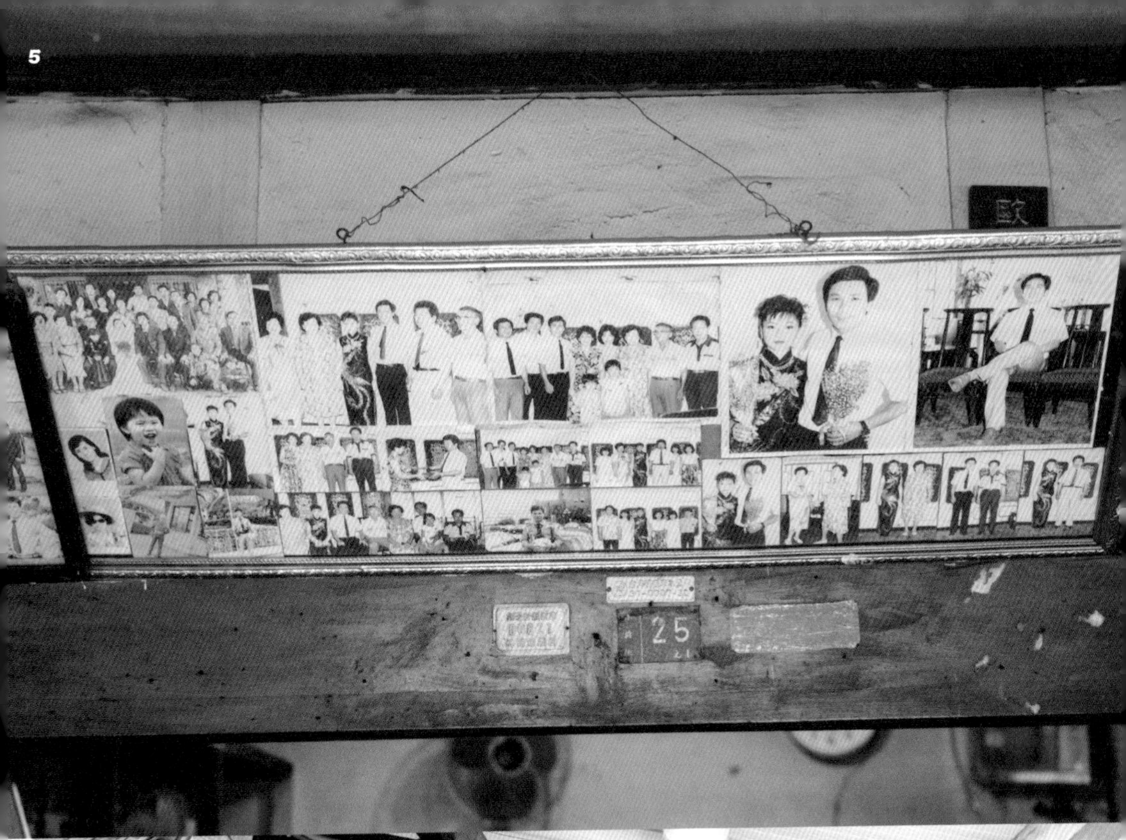

6

到與孩子相同的位置上，得以和他們一起探索、發想、體驗、開店。為了完成一碗好吃的冰，師生在強烈動機下探索在地，結識了一群志同道合的農夫，來自灣橋、太保、朴子、六腳等地，他們分享所種的茂谷柑、番茄、香瓜、牛蒡、花生農作物，成了課堂上最生動的教材。「當你想做事，全世界都會來幫忙，這句話很老梗，卻很好用。」

當多數人兼職是為了增加收入，鄭吉軒的兼職卻是為了改變社區，他把冰店銷售的所有營收投入改善老屋的硬體與支付課堂所需的教材費，所付出的心力與收入不成比例，家人的碎念在所難免。「爸媽會說做這件事又沒辦法賺錢，但我覺得這件事情很重要，它可能沒有收入，但也許可以影響別人、改變社區，讓孩子可以過得更好，他們的未來會變得不一樣。」

只是兼職佔用週末時間，使得鄭吉軒回鄉與家人的時間不多，「我媽媽還是會抱怨我很久沒回家啦！」和家人感情很好的鄭吉軒，乾脆皮皮的情緒勒索，「想我就來找我呀」，順勢把親朋好友拖下水幫忙，一起來冰店當志工。

走入全納社區的理想

當老雜貨店再度開門，不少鄰里都被吸引來吃一碗冰，重溫童年的美好記憶。在行動下，這裡漸漸形成友善共融空間，不只接納特殊教育的孩子，足不出戶的老人家、外籍移工、新住民，也有了可以串門子的地方，逐漸朝向「全納社區」的理想邁進。

「很多人覺得老師就是教好書就好，不用和家長有太多關係，可是教完之後會發現孩子有很多問題是來自他們的家庭。」鄭吉軒坦言，教育現場遇到的挫折遠比大家想像多，教育圈流傳的都市傳說是老師第三年的熱情會下降，而失去熱情的老師又怎麼感動學生？這份兼職儘管沒有收入，卻讓他找到教育的價值，送給自己成就感，成為保持熱血不滅的秘訣。

9

7 初期團隊透過與居民訪談，踏查整理村內故事。 **8** 正一步步實現全納社區的概念，住在社區的新住民也來萬德冰店上課。 **9** 核心原點是想讓特教生可以走出家門、進入社區，為長大的在地生活提前準備。

WORK 02
青年講座

因為企劃課程活動，團隊夥伴逐漸認識更多在地人，發現朴子也有很多青年返鄉，而不少人對於社區都很有想法（可能也想做點事）。萬得冰店發揮老雜貨店曾是鄰里交誼中心的功能，再度扮演交流的角色，不定期邀請在地青年來分享創業經驗，促成在地青年互相認識，創造大家結伴推動創生的可能性。

WORK 01
老屋策展

計畫初期的踏查訪談時，發現許多在地人對於小槺榔的歷史相當陌生，甚至不知道這裡曾經是「槺榔」（台灣海棗）的主要產地，而槺榔衍生的掃把與扇子工藝也消失。因此，計畫團隊將研究地方的內容重新整理，在老房子裡策展，讓在地人重新認識自己的故鄉。

WORK 03

研發教材

目前的學校教育除了「部定課程」之外，不少會要求老師提出彈性學習的「校訂課程」，這對工作繁重的老師來說，是一門相當吃緊的任務，尤其老師是分發制度，對於學區不見得非常熟悉，要找到在地資源並整理成主題活動，其實並不容易。

「好棟Goody」團隊利用老師群組共同研發課程，並把完成的教材整理成「懶人包」，從農產知識、海報設計、成品拍照、學習單到材料寄送，提供有興趣的老師索取，利用地方教育介紹小棟榔，同時也幫助宣傳在地農友的好商品。

WORK 05

公益照護

民國60年代創立的萬德雜貨店，在當地人口中又有「新店仔」之稱，雜貨店與其說是做生意，不如說是服務在地，歐陽阿公為了滿足鄰里交代的日常所需，時常騎大老遠的車去市區載物資，並且盡所能扶助社區，為病弱提供「心理安慰式」的抓藥服務、為不識字者代寫書信、逢年過節揮毫寫春聯供索取，也因此這家老雜貨店如此被居民深刻記憶。

團隊進駐之後，從歐陽阿公的訪談中了解雜貨店重要性，也希望可以把故事傳下來，除了以靜態展覽述說之外，也在孩子的彩繪冰盤結合數字與藥籤，使人們在吃冰的同時也重溫往事，並獲得心靈上的慰藉。

WORK 04

有感生活

萬德冰店打破學校課堂的制式學習，孩子們從彩繪冰盤、捏湯圓、做點心等活動中，由食物而食材、而農業、而社區，對自己所生活的環境開始「有感」起來。

生動有趣的活動，對於特殊教育孩子的幫助相當大，不善表達的孩子試著打開話題，充滿創意的孩子找到想發揮的題目，而他們回到家中，也會和父母或祖父母分享，自然而然打破親子間的沉默，把生活教育延伸到家中，當孩子回到學校，也會在課堂分享假日活動的心得，這些無形的渲染都有正面的教育效果。

部落的大樹，就是上下班打卡鐘

文字—小海　攝影—高穆凡
圖片提供—Mhuway 達吉利共享空間

「說是兼職工作也太沉重，就是些想做的事呀。」

Ipay（陳婉馨）和夥伴們忙進忙出，前晚還下著被颱風外圍環流影響的大雨，晴空卻在活動開始前悄悄來臨。**「也是大家一起做才能完成。」**回到部落6年，她從自己家門口辦的小小市集，到捲動部落老中青三代投入的**「達吉利生活節」**。不同年齡層的族人都穿著同樣工作服，胸前有繽紛織紋與大樹剪影。

「部落裡的人只要看到那棵樹，就知道回家了。」Ipay解釋。

「小時候我和玩伴會往下台地走，右邊是溪，左邊是海，那裡就像一個大型遊樂場。」我們對地方會有記憶不單單是因為自然環境，更因為生活當下五感與周遭的互動，形成獨特辨識的珍貴連結。

Ipay在部落出生，隨後搬往城市，每年都在寒暑假回來。「阿公有留一塊地，爸媽退休後，我們想也許家人可以共同打造一個夢想，就搬回來蓋了民宿。」對部落的記憶是如此眷戀，不只山海美好也因為人情氛圍。然而返鄉後的她才意識到，小時候那個無憂的遊樂場似乎有些不一樣。

用空間，累積凝聚的能量

位在蘇花公路進入花蓮的第一個聚落，崇德卻沒有享受到車流紅利，而是有著花東偏鄉的典型困境。青壯年人口外流、產業蕭條……「最初會辦市集，是想讓部落活絡些。」過去在城市的 Ipay 常跑市集，因此想用這個方式為地

2

4

3

1 達吉利生活節期間，沿著部落街道布置的攝影故事走廊。 **2** 共享空間明亮舒適，讓旅人可以喘口氣好好休息。 **3** 族人創作的文創商品，在店內有個展示的平台。 **4** 也藉由小小展覽，讓人更了解遺址與在地文化。

方帶來一點刺激。她在返鄉不久後遇到深耕部落的社福單位，了解原來政府有對文化調查與復甦地方的相關補助案。

Ipay從原本自掏腰包和親戚們一起舉辦活動，轉為學習寫企劃、執行政府標案。團體淨灘、部落課程、田野調查……「這些都是用上班以外的時間完成，還好有其他夥伴，而且很幸運地我的正職老闆知道後也支持我。」在鄰近飯店擔任美編的她，一天得花上8小時坐在電腦前繪圖與設計。「下班後再處理這些，其實就是得多付出時間和精力，可是很值得。」

崇德的太魯閣族語名為「達吉利」（Tkijig），Ipay與部落夥伴們從「達吉利市集」到「達吉利生

活節」，共同動員籌備的活動前所未有成功。當大家把兩年來在部落採集的影像布置成故事走廊，一方面帶領外來訪客深入了解太魯閣族，一方面也讓族人們自信展現地方記憶，活動便在晴朗無雲的星空下結束，每個人都沉浸在新的生活體驗中，但Ipay卻有不一樣的想法。「雖然大家都興奮著，但這樣的活動卻像煙火精彩短暫，我希望能夠更有累積。」、「那時我開始想像一個空間，有空間才有凝聚力，空間存在，部落的人就可以隨時看到事情發生。」

當兼業意外成為創業計畫時

Ipay下班後的兼職人生，從偶爾執行政府計畫進入創業挑戰。

「打造空間要做的準備太多，從地點選擇、空間規劃、餐點設計到後續的營銷管理，每個要素都不可或缺。」她也嘗試從政府創業計畫尋求協助，卻在複賽中箭落馬。但沒有預期中的資源也未曾讓她考慮放棄執行，「如果你願意慎重對待自己的夢想，有很多事情在開頭就必須堅持做下去。這樣才會得到後續的人關注或了解你的夢想，資源才會隨之而來。」

「Mhuway達吉利共享空間」就在Ipay咬牙苦撐、蠟燭兩頭燒的過程中誕生，開幕沒多久過往活動的串連與漣漪，似乎也水到渠成流進這小小平房。

「開始有校園邀請我與夥伴去分享，甚至出現質感很棒的旅行社提議合作……這些都是在打造空間時沒想過的。」一個個機緣帶來更多部落內外的合作，這也是Ipay期待的走向，然而兼職創業的突破性發展，也帶來棘手挑戰，包括如何安排個人時間，和許多經驗不足難以應付的工作現場。

6

7

5 了解當代之外，藉由崇德遺址推進在地歷史。 **6** 帶領部落居民參訪考古現場，理解文化資產近在生活圈。 **7** 深度遊程中可見習獵人做傳統陷阱的手藝。

8 關心在地的人們，能夠在店內相遇與討論事務。

「年底是政府結案時間，又剛好遇上許多外出演講邀約，忙到連睡覺時間都沒有。」、「店內在疫情趨緩後生意變好，但收入尚未打平沒辦法增聘人手，怎麼調度才能發揮最大效益？」在每天正職工作之外，Ipay面對的是另一份相當於正職規模和壓力的兼職現場。這種以賽代訓的經驗雖然嚇人、為她帶來不少煩惱時刻，Ipay 卻關關難過的關關過了，甚至覺得是一種收穫。

運用所長，把所在地成為宜居地

「今年我被升職加薪，現在是設計總監！」在飯店做美編是她剛回花蓮時找的第一份工作，也是Ipay過去理解的上班型態。這種工作往往就是安靜地窩在電腦前，她很難想像自己有天居然成為主管、甚至接洽處理廠商的合作案。

「我想是因為這些年在部落做的事，累積了許多過去絕不可能擁有的經驗。」當活動中必須協調夥伴們的合作，其實間接提升她的溝通能力。或是內向慢熟的個性卻常被要求上台講話，因Ipay反覆練習，甚至曾經練到睡夢中都以為自己在演講。「原本我只是個美編，後來卻能夠加入行銷活動的規劃。」忙碌兼職沒讓她亂了陣腳、失去正職工作中的專業，反而激發潛力累積更多技能，現在有時老闆甚至會找她討論公司的未來走向。

「運用自己擅長的事也可以在部落好好生活」，是Ipay返鄉時對自己的期望。「我希望做的事能夠間接影響有意願返鄉的青年，回來深耕，讓部落成為一個宜居的地方。」她一直深信每個人的人生樣貌，是來自生活中逐步選擇的事物才慢慢成形。但是在部落的族人們，選擇相對稀少，而某些選擇也

慢慢讓地方失去活力。「所以做這個空間、執行這些計畫，就是嘗試展現各種和現在不一樣的可能。」不一樣就有機會，這裡有風景、有田地，太魯閣族有豐沛的文化與知識技藝，複合性生產本來就是部落過去生活與勞作的樣貌。就像不知不覺間展開兼職的Ipay，沒有被框限在傳統的工作想像裡，於是把理想實踐成工作，工作改變著生活。

職業就是志業，6年來在她喜愛的土地上做著喜愛的事，志業也慢慢長成事業。「這些工作讓我的人生際遇整個不同，也很幸運能遇到一起投入的夥伴。」從Ipay自身到同事、族人……，山海美好、人情暖和，這裡就是當初她眷戀的那個無憂遊樂場。

SIDE JOB DATA

Ipay 陳婉馨

正職／兼職工作	飯店設計總監／公司負責人
兼職年資	6年
團隊組成	共享空間—店長 1+PT 3 專案計畫—地方夥伴 6
收入比例	正職6成．兼職4成
忙碌高峰期	配合結案時間，年底10-12月最忙

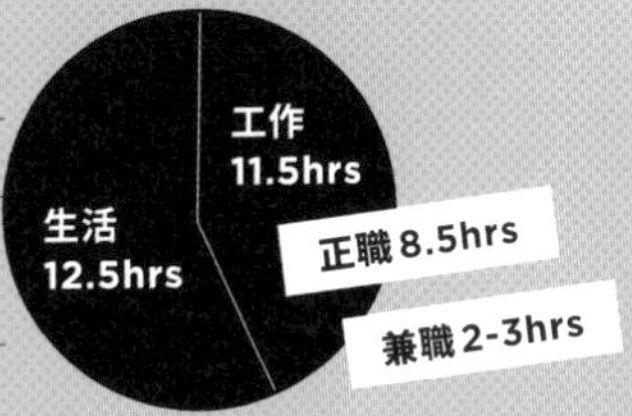

兼業面面兼

WORK 01

地方標案

漢名為崇德的達吉利，1930年代因為日本人在此處發現金礦砂，開採過程開始出土人骨、陶器等遺物。這裡有全國第一個出土金器的考古遺址，也在探索北部、東部史前文化關係中佔有關鍵性位置。

面對如此珍貴的文化資產，地方文化局推動的崇德考古計畫不只挖掘土下物件，也包括和地上聚落連結、讓居民理解文資重要性。Ipay和花蓮市區的「寫寫字工作室」夥伴組成團隊，選擇用攝影和文字記錄長輩們對過去歷史的了解，並且隨著專業考古團隊出土文物，在部落飲料店中舉辦微型展覽，讓看似充滿距離感的考古知識能進入生活中。另外，他們也藉由舉辦工作坊，讓人深刻理解這些土層其實跟我們一樣——由過去的生活不斷堆疊而成。

WORK 03
商業遊程

在達吉利部落周遭的中小學都開設有文化課程，因此在部落長大的孩子都曾接觸傳統織布技術，然而多數人畢業後不再有機會延續。Ipay最初籌備店內傳統工藝的體驗課程，是想著這樣就能邀請技藝熟稔的年輕族人來授課，「對遊客來說是體驗，但只要有人一直來旅行，這些手藝、這些知識就可以重複發生。」

桌上型織布、傳統藤編⋯⋯甚至在生活節時構思出獵人帶路、陷阱製作等活動，Ipay知道部落裡人才濟濟，生活周遭更是有探索不完的內容，只是必須有門路才能展現。今年這些點狀嘗試被專業旅行社注意到，開始前來接洽發展商業旅遊的可能，「不只一間旅行社來問喔，但我們希望是部落能夠負荷，也是尊重我們文化的。」幾次溝通磨合下來，Ipay與合夥人成為樞紐，讓外部旅行社的需求和部落夥伴的專業能夠彼此回應，各種決定都是共同討論。「沒有誰是誰的老闆，很多事情我們都不可能獨自完成，每個人都有自己的專長，所以要一起做，一起做才能做到。」

WORK 02
經營空間

「Mhuway達吉利共享生活空間」運作至今還不到1年，現在由一位店長和三位工讀生協助經營。店內有著舒適明亮色調，讓剛下蘇花公路的旅人得以稍歇口氣。豐盛餐點設計來自合夥人創意，挑嘴的她不只善用崇德名產剝皮辣椒，也將太魯閣族獨特的香料「馬格力」運用在豬肉熱壓吐司的調味中。食材來源地產地銷，野菜沙拉是部落族人鮮摘，鬼頭刀魚排則來自附近定置漁場的永續海鮮品牌「迴游吧」。

Mhuway共享空間在創立時就決定和部落共生，籌備期間幸運得到之前執行政府計劃案時遇到的業師，願意無償陪伴討論，因此雖是首次創業卻準備充足。來到Mhuway除了可以用味蕾初探地方滋味，也能夠逛逛由部落青年與婦女製作的文創商品。作為一個空間，這裡是餐廳也是展場，更是眾人相遇的地方。Ipay與夥伴們藉由舉辦部落課程，邀請族人來分享技藝或知識，也無償提供討論地方事務的場地。

將人才引流入鄉，為地方造夢

文字—曾怡陵　攝影—林軒朗
圖片提供—台力快遞、邸 TaiDang

工作坊裡的學員部分來自各地的創生團隊，多半面臨人才募集不易的問題。講師們則來自經營有成的地方團隊，除了培植地方人才，也搭配都市派發、遠端合作等方式填補人力缺口。

地方人才難尋，發展出各種人力補充模式

在彰化推動地方觀光約10年的「未來地圖」總監邱明憲觀察，彰化業態比都會少，年輕人在當地嘗試求職一、兩次，若找不到合意的工作就會離開。在公司內就見過來來去去許多人，全職員工平均年資1、2年。

從事宜蘭頭城藝文服務的「金

1月的週末，新冠肺炎疫情再起，街上人流稀薄，
台北松山文創園區的工作坊氣氛正熱。
台北、彰化、宜蘭、台東等地的地方工作團隊，與想移駐地方工作的學員齊聚一堂，

務實地看見浪漫背後的現實，
串接彼此的供與需。

魚。厝邊一有4位正職、2位兼職員工，由於在宜蘭不易找到理想的人才，執行長彭仁鴻與返鄉高雄的前全職員工仍維持兼職的合作關係，請對方遠端追蹤商品上架進度、簽訂合約等專案進度。而為了挖掘潛藏的人才，也透過舉辦「頭城老街文化藝術季」、在東吳大學商學院企業創新育成中心授課來經營關係人口。

「泛旅遊」創辦人鄭佑軒在屏東經營「大小港邊 熱帶漁林」，核心工作為漁村深度體驗遊程和食魚教育。他點出偏鄉人口外流，難以找到合適人才的普遍處境。文書處理、企畫、網路行銷的能力幾乎都是所謂的「都市技能」，因此他大多從都市找

人才，再派到地方。有些員工在比較都市朋友的生活形態後，會開始自我懷疑，最後求去。「不是找不到人，是適不適合、磨合後彼此能不能長期合作？這是我們長期的痛點。」他繼續尋覓良才的同時也不斷充實遠端人力資源庫，以支援社群媒體貼文的撰寫、課程企畫等工作內容。

同樣將人才從城市輸送到地方的還有台北的「茶籽堂」。早期到宜蘭南澳與苦茶油契作農民維繫關係，靠的是兩地出差，近年在地方安排兩個人力。一位是從台北派駐的專案企劃，另一位曾在南澳打工換宿，因為找不到適合的工作機會而想離開，後來被茶籽堂網羅，負責苦茶油契作。營運長陳瑄筑說：「社區面臨人力老化的問題，我們希望跟社區共榮共享，接下來會有其他營造計畫，期待更多年輕人移居到社區一起努力。」

牽起兩端需求，讓地方求才不再有城鄉差距

在當地不易找到適切人才、流動率高的問題，台東的地方創生團隊「邸TaiDang」也都經歷過。從2020年的「移駐台東吧！」及隔年的「宜駐花東」徵才經驗，劉詰洋看到這幾年地方創生蓬勃發展下，地方的徵才和求職兩端對媒合平台的需求。

同時，鄭佑軒也嗅到疫情下的機會，大家因為無法出國，而擴大對國內地方角落的關注；加上經濟發展成熟，人們的職涯思維跟著轉

變，不再一窩蜂追求都會裡的功成名就，對工作的價值也有不同於傳統的認定。

2021年，劉詰洋廣邀在各地協助創業育成的創育坊夥伴開會，希望串連彼此，解決共同的課題。「資金、場域、人才是創業者避免不了的三個課題，前兩者公部門都投入非常多的資源，但在人才這一塊比較少。」想法很快獲得鄭佑軒的響應，2021年底兩人合組「台力快遞」，以「輸送人才到台灣地方鄉鎮」為使命，除了解決自身痛點，也為其他地方團隊打造人力支持系統。

鄭佑軒說：「地方產業在下個階段有機會被放大，城鄉之間存在的不是落差，而是更多元的選擇。」「島內散步」執行長邱翊也分享他的觀察，新竹和嘉義的員工原在台北工作，現已陸續回鄉，「可以感受到住都會區的人想回鄉發展的趨勢。」

「台力快遞」計畫在今年2月推出人力媒合平台，未來預計每年舉辦兩場徵才博覽會，每一、兩個月推出培訓課程，並在今年試辦求職旅行。透過多元方式開闢人力媒合的渠道，揭開地方工作的浪漫迷霧，讓求職者看見其中的真實苦樂，也讓求才者不再受制地方侷限，廣召各地好手。

當各地人才都能順暢無礙地輸送到地方，不僅有更多人可以實現生活與工作的多種想像，也能為地方注入正向的流動。

2020 「移駐台東吧！」分享會

info

發起、參與團隊—邸 TaiDang、林 事務所
舉辦場次—台北一場
參與人數—現場參與約60幾人，收到33封履歷
媒合效果—面試6人，雇用3人

劉諮洋因想解決「邸Tai Dang」人力需求的問題，也想起「林 事務所」服務設計師林承毅提出「觀光客以上，居住者未滿」的「二地居」概念，邀約合辦移駐活動，招攬全台各地的人才到台東長期打拼。目標招攬三種類型的人：移駐台東的全職人員、二地居住的專案合作人員，以及週末活動支援人力等關係人口。

活動中除了有地方創生團隊的分享座談，讓求職者更清楚在地方的工作和生活樣貌，也與邸Tai Dang有面談機會。邸Tai Dang從正式履歷中挑選合適者線上面談，考量移居者需要有與地方培養關係、磨合的時間，再提供兩週的試駐機會。試駐期間求職者會被分派舉辦市集、產品包裝設計討論等任務，除了可觀察自己是否適應台東的生活型態、工作場域和工作內容，邸Tai Dang也可以藉此觀察求職者的表現。

劉諮洋原想找其他的地方創生團隊一起徵才，但擔心沒人報名，沒想到參與的人很踴躍。「很多人發現原來東部還有這樣的工作機會，他們原本想像的工作都是飯店、運輸等勞力工作。」劉諮洋說。他比較以往在人力銀行徵才的經驗，發現活動中收到的履歷不僅數量多，而且質量高，讓團隊非常振奮。活動曝光後，許多對移居懷抱夢想的人也提出在台南、台中等其他城市加開場次的需求。為了回應自身需求和迴響，他們計畫每半年舉辦一次徵才活動。

「宜駐花東」計畫

2021

有了前一年的成功經驗，邸 TaiDang和林 事務所希望擴大舉辦，邀請其他地方創生或在地事業的夥伴，在每年的寒、暑假舉辦徵才活動。「暑假是學生畢業的時候，寒假會遇到年後轉職和求職潮。」劉詰洋說明對活動時間點的想法。

參與徵才的除了宜蘭、花蓮、台東的友好團隊，也有邸TaiDang培力的地方團隊。由於在地方發展成熟、穩定成長，都有用人的需求。

活動中，每個徵才團隊會簡報自己的工作環境、經營內容、工作細節。「我們希望他們呈現很實際的面向，很辛苦就說很辛苦，不用特別強調工作很fancy、很夢幻。」劉詰洋說。

位於花蓮新城的「練習曲書店」也參加徵才，創辦人胡文偉認為活動吸引到的族群切合他心中的人選條件，「很多來的年輕人對於工作的滿足點不是在獲利，而是自我成長、自我探索。」他順利找到一位想移居花蓮的台北青年，在經過試駐期確認兩方的合作意願之後，成為練習曲書店的店長。

除了現場徵才，也有網路宣傳，最後收到的履歷遠超過現場參與的人數，質量俱佳，參與徵才的團體也正面認可活動的成效。劉詰洋笑說，台東東河的「都蘭國」在去年暑假就很期待，催促問道「時間到了，不是每半年要辦一次嗎？」

「宜駐花東」計畫結束後，原本要規律舉辦徵才博覽會，後因疫情爆發關係而停辦。

info

發起、參與團隊—邸Tai Dang主辦，林 事務所、社會創新實驗中心協辦，金魚。厝邊、家咖哩、練習曲書店、都蘭國 A'tolan Style、粨發粨粽、金龍神紙行合辦

舉辦場次—台北、高雄各一場

參與人數—兩場約60幾人參與，收到100封履歷

媒合效果—有3個團隊找到合意的員工

2022 新手派對

info

發起、參與團隊—台力快遞主辦，台灣觀光地方創生協會、泛旅遊協辦，邸TaiDang、小鎮文創、島內散步、台灣地域振興聯盟、山号整合設計、大小港邊熱帶漁林合辦

舉辦場次—台北一場（兩天）

參與人數—現場約40人，線上參與約20人

媒合效果—與才子學堂合併計算

「新手派對」與「才子學堂」為系列課程，是「邸Tai Dang」與「泛旅遊」合組「台力快遞」後的首發活動，新手派對是針對還沒有地方工作經驗，但對地方工作和生活嚮往者舉辦的職前培訓課，建立大家對地方工作的概念，包含什麼人適合在地工作、如何開啟在地工作等。

參與學員主要年紀介於22～35歲，有三成已經在地方工作，另外七成對地方創生感興趣，當中還有二成完全不清楚地方創生的內涵。

第一階段邀請「小鎮文創」等知名地方團隊，分享地方工作的浪漫面與實際面、在地工作者需要具備的條件等。第二階段進行「落客松 Localthon」（地方創生馬拉松），請學員自由組隊，針對想落地的區域和創業模式用2小時的時間進行提案。鄭佑軒說，都市社群講究目標和效率，一群互不相識的陌生人可以在短時間內激盪出成果，對於一般講究長期關係培養的地方團隊來說很有啟發。

透過落客松，有小組想建立串連全國深度宗教文化旅遊的平台，設計問卦、慶典、畫臉等不同層次的體驗和遊程；也有人提案「去海豐島散步」，內容包含建置居民創業基地、導覽、長照服務等。最後想求職的人留下個人資料、想落腳的城鎮和想做的事，會後由「台力快遞」協助與地方正在徵才的團隊媒合。

才子學堂

「才子學堂」是「新手派對」的進階課程，傳遞地方創生的現在與未來、地方事業經營的條件、品牌規劃的方式等內容。參與學員中擁有地方經驗的比例相對高，接近四成的人已經在地方工作，主要年紀介於22～35歲。

透過不同講師的創業經驗及觀點，學員對地方工作有更務實、全面且成熟的理解。「不是每個人都用溫暖的角度來鼓吹大家到地方工作。」鄭佑軒舉例，「島內散步」的邱翊「把醜話說在前面」，將地方角力、惡意攻擊等血淋淋的經驗攤在學員面前。原為股市操盤手的「幸福果食」共同創辦人簡家旗，以自己36歲投入地方創業的經驗為例，要大家不用急著投入地方工作，即便到中年還是很有可能性。

來自台東關山「關點工作室」的陳顥予過去任職旅遊業，經營關山地方遊程約1年。透過課程，他發現不同於傳統觀光的經營途徑，「未來地圖的小王子（邱明憲）到地方後先蹲點，以課程方式讓當地人產生認同感，再慢慢累積旅遊資訊並在線上平台分享，作法很扎實。」

鄭佑軒觀察，到了第二階段的落客松，由於參與者較資深，也有部分學員參與過新手派對的歷練，提案的完整度更高。

新手派對與才子學堂共約100名學員參與，收到約30封履歷，求職轉換率約三成。活動促進地方團隊與人才的認識，後續的媒合效果值得期待。

info

發起、參與團隊—台力快遞主辦，島內散步、幸福果食、茶籽堂、台灣觀光地方創生協會、未來地圖、金魚。厝邊、國立暨南國際大學觀光休閒與餐旅管理學系合辦

舉辦場次—台北一場（兩天）

參與人數—現場近30人，線上參與約40人

媒合效果—台力快遞收到10封履歷，已錄取2位，其他地方團隊收到20封履歷，媒合狀況有待時間發酵

花時間，體會家的方向

移居不只是從這裡到那裡，翻開沿途發生的風景，現實面諸多震盪，讓人在調適中做決定、也在決定中調適，那並非單一的取捨。

我們從移動到定居，經歷了4年漫長的尋找與釐清；而進入新環境的磨合，也在1年多的現在，有了比較穩定的狀態。

回頭最終發現，只要四個人的心是確認的，起起伏伏都是通往更好的過程。

文字—詹芯佩
攝影—李忠勳

Another Life 移住者告白

告白者 宋弘懋 & 郭鳳珍

住到山海圍繞的長濱，是由於她的堅持加上他的自由，過程中凝聚彼此，感受時間，更深的和土地創造關係，家中成員除了兩個孩子，還有一隻狗、兩隻貓、四隻倉鼠、十五隻雞、很多隻魚。

Q：在移居之前，過著什麼樣的生活？

弘懋：我從小在板橋長大，大學刻意填了一個離家很遠的屏東師範大學，畢業以後去桃園拉拉山代課抵實習，取得合格教師證就分發到澎湖七美，我覺得自己有機會的話，就一直在選擇逃離都市生活。

２００６年結婚之後，淡水住了十多年，直到２０２０年搬到長濱為止。平時，我的工作和孩子上學在同一個國小，放學之後老婆會煮晚餐，偶爾品嚐淡水好吃的小吃；而假日常去山上或海邊，有時候野餐。

淡水對我們來說，都很舒服愜意，可以說是和家人擁有美好回憶的家鄉。

鳳珍：大學畢業後，我搬到淡水，在這裡住了20年。

淡水的夕陽很美，經常變換著各種不同氛圍的落日晚霞，河岸是偶爾散步的地方，老街菜市場則是日常採買的去處，生活裡有很多的新舊雜陳；一家四口是喜歡淡水的，同時也很喜歡在假日離開淡水到處走走。

平時我喜歡花草、植物，在育兒的這些年裡，做花藝也接觸陶藝，教學、擺攤成為和人交流的方式，有段時間到三芝的市民農園學習種菜。

比起一直住在大樓裡，更希望能「腳踏實地」的生活著，可以跟土地更靠近。

Q：關於移居，有什麼特殊原因或契機嗎？

鳳珍：2015年，在大兒子念小學之前，漸漸有了搬家的想法，考慮孩子們的成長環境，很自然覺得接下來的去處不是都市。

也因為我是在澎湖長大的，知道土地和人的關係有多重要，比起一直住在大樓裡，更希望能「腳踏實地」的生活著，可以跟土地更靠近。

關於移居的契機，其實沒有發生什麼特別的事，比較像是一杯水慢慢注滿，於是在全滿之後開始外溢，我知道時候到了，當一切醞釀到一個程度後，改變自然而然的隨之而來。

弘懋：當時討論到移居，就讓我連結到之前的經驗，來長濱以前任職學校在淡水，距離上次偏鄉教學已經是20年前，拉拉山和七美的學校生活，帶給我很大的影響。

而鄉村裡老師的流動率依舊高，大家也都有家要回，我就想既然我們喜歡這樣的環境，何不來偏鄉當個穩定的老師。

現在來這裡教書一年多，目前擔任專任老師，可以陪伴到幾乎全校的孩子，覺得滿好的。

Q：從有移居想法到確定落腳，這中間經過些什麼？

鳳珍：我們不是很計畫型的人，起初差一點就要住在金瓜石，那是一棟喜歡到回家後，就想著怎麼買下來的房子，可是很奇妙的，之後經過和朋友討論、弘懋突然參考起風水，第二遍再去一趟，發現心情降溫一大半，也沒有之前的心動。

就從這裡經歷了4年，中間看了包括宜蘭、花蓮、台東、東北角附近，但是都沒有像金瓜石那次的衝動說：「就是這裡了。」

這些發生像是一步步自我釐清的過程，一開始沿著台11線，看見插牌寫著「售」就去看了，但是實際進入，才會知道什

麼可以、哪些不行，比如，原來馬路邊我沒有辦法，透過這樣也對自己、彼此產生不同的理解。

又有一次去都蘭看一間農舍，前一天入住的民宿主人也是移居者，他們說到果園用藥的問題，結果隔天進到那塊土地之前，路上看見明顯的除草劑痕跡。尋找過程都有許多「提點」在裡面，會提醒你還不是這裡。

弘懋：起初想要買地蓋房子，由於希望孩子在自然環境長大，多少隨著時間有點壓力，那幾年鳳珍的身體也出現狀況，一開始是哥哥準備升小學，當時決定不了，我們就想放慢步調、順其自然，當哥哥一路念上三年級的時候，妹妹正要上小一，整體狀態又來到鳳珍說的「不動不行」的時間點，我就提議說，不然先找到地方用租的看看。

記得學校申請調動前，我們找房子的最後一趟去到池上，車子從玉長公路開過來感覺好開闊，是這時候才發現，從小曾經想住在靠海的地方。

鳳珍：我們雖然不刻意，卻也像是被牽引著。

那時候淡水住了好多年的家，在一次找房仲看屋的過程中，聊到這樣的移居想法，就聊到或許先把房子賣掉更有行動力，沒想到房子飛也似的賣掉了，快得讓我們有點措手不及。

又一年後，我們決定移動，從確定想法到落腳台東長濱，大約在三、四個月內的時間完成。

我想進到山裡，因為海對我來說是熟悉的，而在長濱有山有海，所以就把這裡填作第一志願，在這之前還沒有確定住的地方，實際來才發現房子很不好找。

前年5月底、6月初，規畫四天三夜來找房子，直到第三天都沒有收穫，心裡開始焦慮，索性就在在地社團發文，沒想到回台北的這天上午，遇到這裡的村長帶我們看現在住下來的家，覺得他的出現，也是一種注定的安排。

尋找過程都有許多「提點」在裡面，會提醒你還不是這裡。

Q：定居之後的調整或挑戰？和想像有什麼不同？

鳳珍：環境對我來說，就是慢慢認識、慢慢進入，然後同時去理解自己與地方的磨合到哪裡。

來到長濱後，孩子的適應是最大考驗，畢竟他們在都市生活、唸書一段時間了，學校跟生活環境的變化在實際面臨後，產生的衝擊與心理壓力漸漸顯現出來，我們花了好長一段時間，在這些衝擊裡，發現狀況、面對、陪伴、調適，原來這裡面有好多的不容易啊！

弘懋：第一次來找房子的時候，哥哥很開心就將車窗打開，把手伸出去摸摸樹葉，結果整個手掌裝滿了黃藤刺，他的臉色發白，我們就慢慢幫他挑掉；對哥哥來說，都市生活影響他很多，衝突跟反差是更大的，個性當然也有關，妹妹比較外放在這裡就很自在。

以前常去露營，以為那是在自然中生活，其實很不一樣。來之前以為住在海邊，就是每天看海，真正生活在這裡，旁邊又有很大的土地，自然會想要往外走，也有很多事情可以做，比方說除草、修繕，都會變成生活的一部分。

鳳珍：台東土地真的滿野的，在環境中人以外的動植物，多樣性比想像中多滿多的，沒有想到蛇就在門口，摘個芒果也被蜜蜂螫

不是每一件事情都能如願，不能被解決就必須選擇。

到，搬來沒有多久，在雞舍後面看見食蟹獴，不管四季晚上隨時都會聽見各種昆蟲聲，我們家也曾看過山羌、竹雞等等。

弘懋：去年我開始接觸「薩提爾成長模式」，搬到長濱和這份學習同步發生，剛好也變成內在的互相支持；以前不知道怎麼跟孩子相處，最多當個大玩伴、玩桌遊，真的是移居到這裡把心打開，也由於學了薩提爾，我知道需要好好照顧自己，那跟孩子的關係、交流也會不一樣，才重新理解可以怎麼當爸爸。

鳳珍：前半年一直處在遷移的震盪當中，自己想做什麼是被擱著的，起起伏伏的過程很辛苦，得一件一件面對，不是每一件事情都能如願，不能被解決就必須選擇，這中間也幫助我釐清要堅持什麼、協調什麼、可不可以接受什麼，是很複雜的過程。

Q：滿意目前的生活狀態？未來還會有移居的計畫嗎？

弘懋：我在長濱更開放、更自由、更做自己，之前孩子不適應、工作

不如意難免會懷疑，可是現階段知道這個決定是對的，只要核心確認好我們四個人都在一起，就有信心一起往前走。

前陣子我們在外面打籃球，哥哥就說：「爸爸，我覺得住這裡也滿好的」，當妹妹也講出類似的話語時，心裡的石頭才終於放下來。

鳳珍：來之後態度變得很開放，如果真的活不下去或是不適合，那再移動啊，回到原來的地方都是可以的，並不是說我離開了，再回來就是一種失敗或挫折。

我從來不覺得移居是多美好的，在哪裡真的都好，重點是你比較想在哪裡，你適不適合在那裡，朝著那方向移動就好，如果今天是從長濱搬到淡水，不好嗎？我不覺得。

弘懋：移動很大的關鍵在於鳳珍，老實說我都還好，以前覺得可以住花東很好啊，但是要移動有點懶。如果兩條路都會抵達終點，我會選輕鬆的走，那她會選辛苦的那條，現在自己則有些轉變，覺得比較辛苦的路可以試試看，這種感觸是我以前沒有的。

鳳珍：我的理想狀態是孩子念完高中再離家，也想尋找更能進入山的方式，還是會帶著這份期待，繼續感覺各種可能性。

那些漁港裡的 碎冰塔小屋

走進地方

INSIDE of PLACE

盧昱瑞

高雄人，畢業於台南藝術大學音像紀錄所，以捕捉影像為志業。2005年開始拍攝紀錄片，題材大多圍繞在海港生活的人，偶爾也關注老房子和文化資產等相關議題。

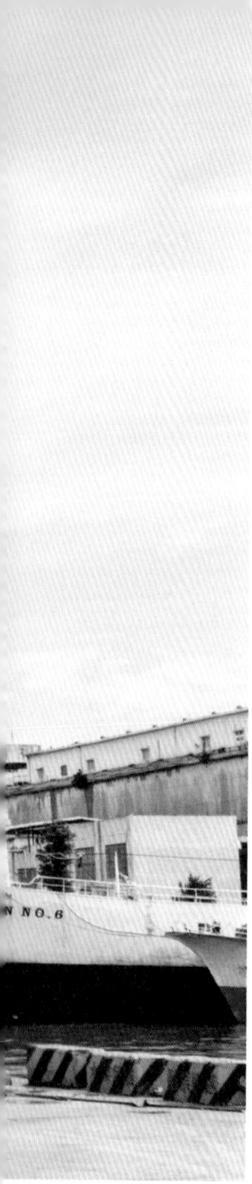

記得2020年元旦去茄萣找大舅，逛完魚市場後他帶我們去碼頭邊散步，經過製冰廠前的碎冰塔時，碰巧有漁船正在加冰，我們索性就坐在水泥輪擋上，一邊享用著花枝魚丸，一邊聽他介紹製冰廠打冰的流程，在艷陽冬日看著雪白碎冰滑入魚艙，頗暢快沁涼。

隨著時代的推進，那些架高懸空在漁港碼頭邊的小鐵皮屋，也慢慢變成具有歲月特色的河岸景觀。印象中首次看見描繪漁港碎冰塔的畫作，是藝術家李俊賢的〈哈瑪星〉，其創作自述裡寫道：「畫老照片也有回到過去的感覺，當時漁船很多沒有冷凍設備，出海前都要在船艙內裝碎冰，所以漁港都會有冰塊的輸送帶和存放碎冰的鐵塔……」整張帶有懷舊暖色系的漁港風景裡，用寒色系的藍白顏料大膽勾勒碎冰塔邊緣，強調碎冰塔之於漁村的在地特色。另外，府城資深畫家董日福亦曾描繪許多1960年代、台南運河的河岸風光，碎冰塔也是其畫筆下令人印象深刻的漁港設施。

碎冰塔上的小屋造型都很簡單，大多採用二坡水屋頂，外牆與屋頂的建材用五溝清板包覆，偶而也會看見用木板組構而成的外牆，通常兩側牆上會開小窗；小屋和製冰廠架設一條橫越馬路或巷道的滑冰道，有的小屋入口是滑冰道和人共用，有的會另外在下方地板開一個入口，讓製冰廠人員可爬樓梯進入小屋操作碎冰機。

懸空在漁港碼頭邊的碎冰塔小屋之所以迷人，或許就是這些滑道、樓梯及架高的鐵塔，讓臨岸空間變得生動有機。而且每棟小屋造型也都略有不同，歷經歲月的洗禮各自成為獨特的風格，所以每到各

地漁港走踏時，都會特別留意當地的碎冰塔。

這些懸空架高在海景第一排的鐵皮小屋，總讓我聯想到日本建築師藤森照信的茶室作品，在他設計「高過庵」的草圖手稿裡，好似見到了一些碎冰塔的造型，若從這些小屋的窗戶望向大海，應該會是很棒的品茶視野吧！

但藤森照信的設計發想，當然是源自日本傳統的高腳居住型式和他多年來的建築史涵養。因為自己非常景仰藤森照信的高過庵、低過庵、飛天泥舟、入川亭、忘茶舟、望北茶亭……等等建築作品，故每當在漁港見到荒廢多年的碎冰塔時，總幻想著，或許哪天它們也能成為奇想茶室或開天書房呢？

親愛的柏璋

新年快樂。

每次你提及山區冬季的繽紛色光，都與我眼前灰陰的台北形成強烈對比。但今年冬天的晴日多了，卻又覺不大習慣。陽光下什麼都美，但當我在冷雨的舊曆歲末，來到宜蘭壯圍，被厚重冬衣，與深淺漸層，飽水的灰雲包裹，耳邊聽著水鳥搖籃曲般的鈴鈴哨音，心想這才該是北部冬天的景象呀。

宜蘭水稻一年僅一穫，在秋後就會休耕，但不像西部刻意任田曝曬乾裂，冬季的蘭陽稻田依舊蓄水，這樣的水景迎著季風，成為東亞候鳥遷徙時重要的補給站。尤其是水鳥，在全球都市化的浪潮下，可供棲息的濕地急遽減少，水稻田意外成為新的避護所——蘭陽平原的農地，本身就是個巨大的濕地系統，其中有細緻的景色變化，如魚塭或埤塘這類深水域，類似潟湖；長了再生稻或野草的休耕田，類似草澤；而那些鏡面般的水田，則扮演了泥灘地——多樣的農業地景，成為觀賞水鳥的聖地，宜蘭賞鳥，大致就是巡田。

田邊逛著，隨處都有水鳥覓食，鷹斑鷸或青足鷸最常見，是專屬水田的客人。我也看到許多田鷸，牠們偏愛挨著田埂邊的草叢。成群的金斑鴴，在旱田中，像從土裡長出的；接著是成群的高蹺鴴，涉在田水中，發出催眠般的鳴唱。這次最棒的景觀，是上百隻的黑腹濱鷸，在水田中不疾不徐，不斷輪番低頭啄著田土，像某種敬拜天地的儀式。黑腹濱鷸總會聚成極大的群體，也許跟同伴待在一起，才有安全感吧。這樣的鳥群，算是種棲地品質的指標，因為只有面積夠大，形狀夠完整的水田，濱鷸群才不至被野狗或人類驚擾。除了宜蘭水田，

FROM
瀚嶢
新北．新店

黃瀚嶢

生長於台北，在城市間隙發現觀察野地的樂趣，從此流連忘返。森林系畢業後，從事生態圖文創作與環境教育，經營粉專「斑光工作室」，靠著偶爾路過的靈光努力生存。

這景象大多得到海邊的泥灘地才能見到。

先前曾接過宜蘭景觀變遷的插畫案。從新石器時代以來，蘭陽平原的水文幾經變遷，經歷了潟湖、泛濫平原以及水田化的過程，不同水環境，孕育了不同的文化。近年宜蘭的灰色景致，逐漸變成水泥、石材和柏油了，各種建案以農舍之名，蕈菇般冒出，蘭陽明鏡般的水田生態，是否也將乾涸呢？我們的共同朋友哲安，為了保護水鳥，在新南村經營著友善環境的水田，刻意保留多樣的濕地元素，年年都有許多珍貴鳥類造訪。從環境史的角度看來，這樣的保育行動，承繼水田文化，橋接候鳥航路，近乎是種地景藝術了。

今年我仍買他的「田董米」，響應這大地的藝術。你的年菜有什麼呢？想必也很豐富吧？

瀚嶢

黑腹濱鷸

Calidris alpina

黑腹濱鷸喜歡成群結隊，因此只有較完整而連續的水田才能見到。

親愛的瀚嶢

一股濕冷感從你的信中飄出，我才發現自己好久沒有在冬季來到宜蘭巡田賞鳥了。雖然逐漸習慣竹苗的冬天，但宜蘭冬季晴天時如明鏡般、陰雨天時如絲綢般的水田，是看過一次就忘不了的地景。

冬季的竹苗，冬風持續吹送，罕有雨水。我前陣子頻繁前往苗栗通霄，這裡是環境友善品牌「田鱉米」產地，這個冬天我與米奇一起在朋友正安的休耕田裡種菜。這裡的稻米同樣是一年一穫，冬季稻田休耕期間部分田區輪作黃豆、地瓜，田董米的產品「豆香米蛋捲」就是用田鱉田出產的黃豆呢。

這裡冬天不如宜蘭寒冷，也不如南部乾燥，為什麼一年只種一次稻呢？田間管理員正安說，主要原因是缺水，田鱉田的灌溉水源來自埤塘，埤塘的水來自天然湧泉，而天然湧泉的水來自山上；一旦山上缺水，埤塘也會乾涸，稻田只好跟著休耕。

走在田埂上，放眼所見的土壤顏色，讓我想起新竹的曬柿廣場、以及觀霧森林的裸露山坡，那種充滿乾燥粉塵的淺褐色。然而，畦上菜苗卻不曾乾死。有一回拔了許多蘿蔔，綿密的泥土卡在雙手皮縫中，才發現破開地表的乾土後，下方仍保濕潤。我想，這裡冬天即使雨水貧乏，維持低度澆灌的田區或乾涸的埤塘，由質地細密的黏土乾燥後所形成的地表，有如覆蓋一層保水膜，能為下方土壤保濕。或許，有些動物會選擇在這段缺水且寒冷的季節，潛入田區土壤蟄伏或活動。

巡菜田時，遠方不自然的隆起吸引我的目光，靠近才發現是如長城般的土丘。想起田鱉伯母前陣子說過，田裡來了兩隻「沒地鼠」，在她的菜園底下鑽來鑽去，有一隻還被她徒手抓個正著。「沒地

FROM
柏璋
新竹．新竹市

陳柏璋

熱愛山、攝影與書寫的野外咖，時常帶著相機與紙筆，在野地裡打滾整天。目前與一群好夥伴共創森之形自然教育團隊，試圖在人們心中埋下野性的種子。

台灣鼴鼠

Mogera insularis insularis

鼠」（bùn-tshí）是「台灣鼴鼠」的台語唸法，傳神表達這種動物沒入地表的經典動作。

鼴鼠土丘就像迷你的大地藝術，把山塊和田園連在一起。想到土丘下次就會被伯母踩扁，我狠下心挖開一個洞，窺探裡頭的模樣。當手指插入土中，馬上感受到一股冰涼，隨後露出精緻的地下通道。或許鼴鼠看中這裡土壤濕潤，加上菜根周邊可以找到較多無脊椎動物取食，才會在冬天頻繁拜訪菜田吧。鼴鼠家族就像在田地下耕耘的農夫，與我們這些田地上的農夫一起鬆土、一起收穫來自這塊土地的食糧。

這次菜田收成相當不錯，除夕那天我還帶了大而鮮美的刈菜回家給阿嬤做長年菜呢！如果今年底還有機會種菜，再一起來玩吧。

柏璋

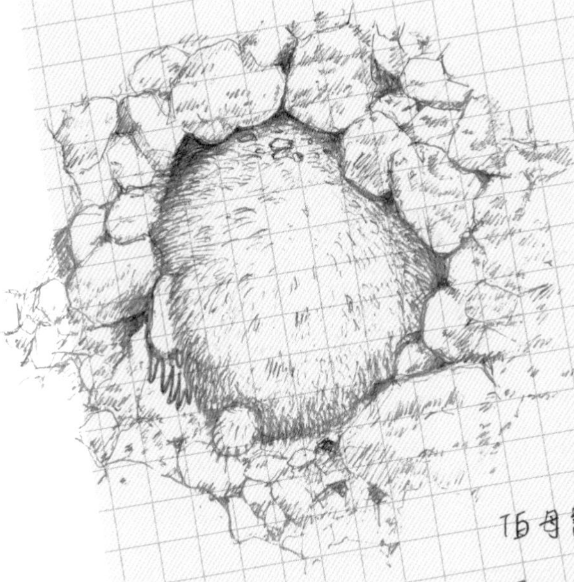

伯母請正安把菜園裡的沒地鼠野放到遠處的山上，當牠沒入地面的最後一刻，露出可愛的肥胖屁和短小尾巴。

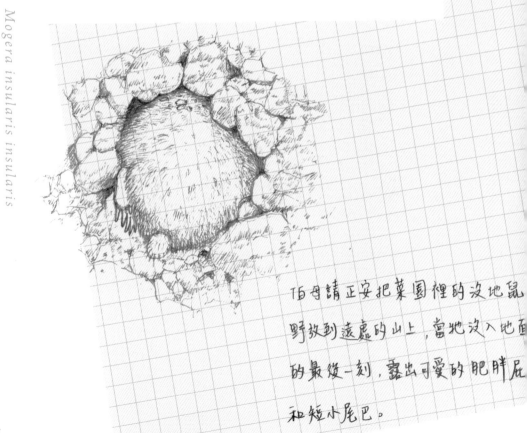

不只南北粽，鱔魚麵與豬油也炸裂

鄭順聰
最新出版台語詩集《我就欲來去》。另有詩集《時刻表》、《黑白片中要大笑》，散文《海邊有夠熱情》、《基隆的氣味》、《台語好日子》，小說《家工廠》、《晃遊地》、《大士爺厚火氣》、《夜在路的盡頭挽髮》，繪本《仙化伯的烏金人生》。

插畫—エUi

焄(kûn)湯／炕(khòng)湯

在夜闇的台北巷弄深處的某家小酒館，我和年輕編劇朋友約見面，聊文學、藝術與影劇界的剝削不合理，以及，我們共同熱愛的拉麵。

和我一樣來自雲嘉地區的他，相當熱愛煮食（tsú-tsiàh，烹煮），常在家實驗研發，甚至與親友合資，膽敢在雲林開拉麵店。因有實戰經驗，根據支出數字他分析拉麵的成本比例，佔最多的當然不是海苔與味玉（あじたま，溏心蛋），麵與叉燒肉也不是最大宗，最燒錢的是熬製湯頭，他台語說焄（kûn）湯。

此詞脫口而出，如顆流星，嚴重撞擊到我。

動詞即飲食習慣

可非熬湯燒錢之現實撞擊，而是，年輕編劇常向我討教台語，甚至聘我做台語顧問，和我一樣在北部工作的他，其用詞固守我們雲嘉的習慣用法，熬湯的動詞用焄（kûn）。沒想到啊沒想到！定居台北多年，受到周遭朋友與環境的影響，我熬湯的動詞，被同化為炕（khòng）。

這兩個動詞很類似，有研究者認為是烹調手法略有不同，我更相信是地方習慣之差異。雖說用詞不知不覺被影響，但我舌尖的口味可是很膠固的。

每年端午節將至，我就期待媽媽寄來台北的肉粽，南部粽是用煠（sa̍h，水煮）的，才能將包覆其中的花生與三層肉的油脂溶入糯米之心。我太太是北部人，覺得南部粽軟爛不對味，她的舌頭只接受北部粽——我隨即捏起鼻子，說那種硬梆梆帶霉味的消波塊，是人怎麼吃得下？

眾所周知，北部粽乃先將料拌炒，包入粽葉再來炊（tshue/tshe，蒸），有人說是立

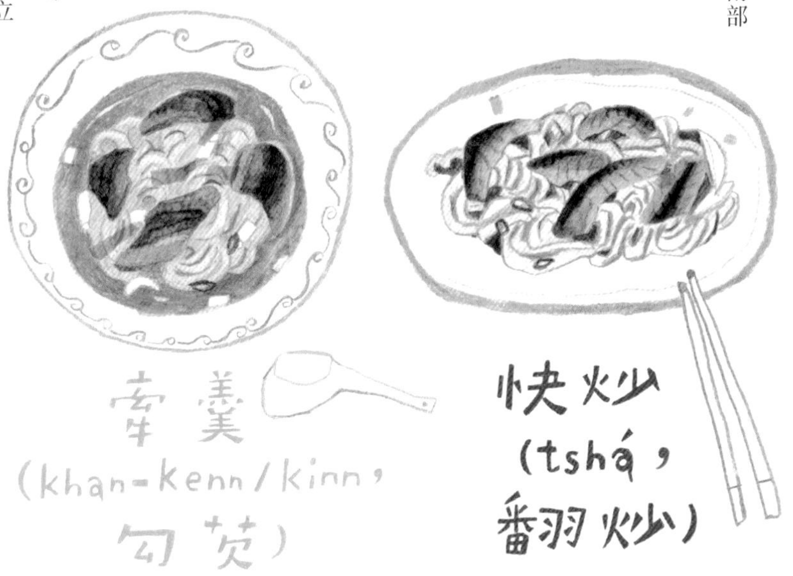

體的油飯，我則比喻為油飯的綠色奇蹟。

我的南北粽主張發表到此，就此住嘴，否則就要被打成消波塊囉。

鱔魚麵也分南北派

不只南北粽，陳俊文在《嘉義小旅行》一書中，將嘉南平原的鱔魚麵，分為南北兩派。

我舌頭認證的鱔魚麵，是將辛香調味料、油麵與鱔魚片等，依序入大鍋猛火快炒（tshá，翻炒），飽含著鼎鑊味，是我入夜後舌頭之所向。

某次到台南出差，入夜後舌頭忍不住，找了面鱔魚麵招牌入座點菜，等待時，竟然看到老闆先牽羹（khan-kenn/ kinn，勾芡），將湯汁煮得濃稠稠的，再將炸過的意麵一整塊入鍋煮軟……天啊！在嘉義這叫做「錦魯鱔魚麵」，我用筷子吃力地夾起來再入嘴，沒錯，是甜的！

台南通稱鱔魚意麵，濃稠味深；嘉義名為炒鱔魚麵，鹹香殊勝，分居嘉南平原之南北，給在地人的舌頭固守著。

也非截然二分，在府城的南派店家中，也可吃到北派大火炒之鹹爆香；在北派的嘉義鱔魚麵攤，你可以點南派的錦魯黏稠味，南北大多混雜，差別在主從關係。台南甜度比較足，多用意麵；嘉義頂多半糖，油麵佔大半江山。

身為北派嘉義炒鱔魚麵之支持者，此堅持不容質疑，無法二分。

偷來吃的最美味

有些飲食不止台灣，凡漢人之聚落多有，例如湯圓。

小時候最期待冬至，媽媽一早就去市場買糯米糰，給我們這些孩子搓捏成一粒一粒，放入熱水中焞圓仔（phû înn-á，煮湯圓），紅白兩色我都愛，是純圓不包餡的。直到某家廠牌在電視大打廣告，才知道有種包餡的元宵，是從中國傳來的食物。

更愛我媽的拿手菜，內包滷肉、伴茼蒿煮的鹹湯圓，吃一碗不夠總要再續。出外到台北就業後，某次在餐廳的菜單發現鹹湯圓，毫不猶豫便點下去……湯碗端上才知，這是客家鹹湯圓，湯圓有紅白，卻沒有包餡，其鹹在於湯頭與油蔥酥。

就像全天下幸福的孩子，媽媽的拿手菜我都愛吃，更愛偷吃——那是媽媽將整袋的豬板油倒入鍋中，開火慢慢來熬豬油，香味超誘人，我就在旁邊窺伺著，等炸得金黃的豬油粕仔（ti/tu-iû-phoh-á）撈起，我手一伸便偷來吃，燙舌啊！油膩啊！極致啊！

跟朋友說到煏（piak）豬油的美妙情境，口水便流不停，朋友卻說他家裡頭的動詞是炸（tsuànn）……反正都很好吃啦！台語的南腔北調與習慣用法不同，就像各款麵條的粗細軟硬筋度殊異。

反正，只要有媽媽的豬油，撒點鹽花，簡單攪拌一下，就是最極致的乾麵。

風土繫

為了知道，還有我們以為不存在的美好

文字—陶維均
圖片提供—透南風工作室

陶維均
1984年出生台北，國立臺灣大學戲劇學系畢，現從事工作囊括體驗設計、品牌規劃、地方創生、創意高齡及劇場編導、教學等領域。2019年創辦針對熟齡族群打造的線上廣播電台《有點熟游擊廣播電台》，累積聽眾超過千人。

去年台南。2021年全台六都房價漲幅第二名的安南區，原先曾文溪沿岸許多養殖魚塭因縣市合併的土地重劃政策，朝向打造安南副都心的目標邁進，近年則因南科開發、台積電設廠成為房市關鍵字，未來漲幅可期但目前尚屬親民的房價，吸引許多首購族在此置產當買家，買一個家。

近百年前台南。曾文溪畔多是屯墾聚落，先民整溝灌渠，逐水草居。台灣水道陡突，順水求生也需避水逃生，因應層出不窮的曾文溪氾濫，先民發明一種沒有地基、易於拆裝的移動式家屋——竹籠茨，只要戳破竹屋上防風用的乾泥牆即可減輕重量，扛著家屋逃避水難（閩南語：走溪流）。最具代表性的一次走溪是溪南寮整村舊址遷到新址，其中18戶另遷新吉庄；那時沒有買家只有大家，所有的事都是大家一起。走溪絕不走丟任何一家，每一戶聚一起才是大家。

40多年前台南。竹屋早被鋼筋水泥取代，自幼隨父兄在台南沿岸替人造竹籠茨的匠師李養，轉行當專職酪農，封印一身絕活。蓋竹茨工序複雜，直的用刺竹、橫的用桂竹、屋樑用孟宗竹，光是採買竹材就頗費心力。帶回竹子後先汰劣存優、再磨掉竹節，計算尺寸後標記鑿孔，經緯竹枝穿孔為牆，四面牆組件為屋架，交叉處綁藤加強結構支撐，覆上木片為頂並做防水，最後層層蓋上白茅便告完成。

李養工法精湛又細心，施工前

走溪絕不走丟任何一家，每一戶聚一起才是大家。

會依「天父地母卦」決定屋高與縱深的尺寸，更注重住屋開光儀式與屋主生辰八字匹配。身為台南市文資局列冊追蹤的草茨工藝匠師，李養並未想到有天自己會成為新聞人物，更沒想到竟然有機會對一群非親非鄰、甚至還有外國人的學徒傳授技藝。

10年前台南。姜玫如、廖于瑋、余嘉榮三位在台南從事社區營造工作的六年級生，有感縣市合併後農村邊陲化，決心保存及推廣農村文化，成立「透南風工作室」作為農村文化的轉譯者。「透南風」的「南」是一種相對核心的概念，所有南方或所謂邊陲都是南風吹拂的守備範圍。她們寫刊物、開咖啡店、規劃遊程、辦演唱會、承接公家或民間委託案子，從最初需要借款支應的貴人相助，到現在有餘力招募七、八年級夥伴，大家把工作室當成家，彼此一起像家人。

2016年台南。位於安南的台灣歷史博物館舉辦「扛茨走溪流：台江風土與自然」特展，展示竹籠茨工法，及李養匠師精心製作之縮小版竹籠茨，促發這位老師傅在自宅以古法興建26坪大的竹籠茨。隔年展期結束，館方期望移展回地方，在地人士熱烈響應甚至自費購地興建展廳；「透南風」則受館方委託加入團隊，協助移展也衍生行動，號召居民一起扛茇，是第一屆，自此李養成為媒體簇擁採訪的工藝匠人；第二屆則由當地南興國小與溪南寮興安宮主辦，由李養指導校方與村民合力蓋茇。

2020年台史博、透南風與溪南寮興安宮幹部又聚首，商議再續扛茇走溪流熱血，透南風與南興國小共商企劃，由溪南寮興安宮申請社造補助，對外召募協力造屋蓋竹茇，歷經兩個月超過500人次、來自全國各地志工跟著李養習藝。「透南風」由姜玫如領隊擔綱策畫執行，處理行政細項，2021年12月19日村里聚集上百人，眾人扛茇穿過村里走到溪邊，重現當年走溪路線。

當今的社會風氣要延續傳統不容易，如果遇到具相當厚度的文化活動委託，「透南風」的大家都很樂意投入，貢獻擅長的規劃、執行和行政能力，幫忙找補助款、寫企劃。比如「扛茇走溪流」的案子，我會先去了解地方想要跟需要的，加上一些我的渲染想像再確認共識，後續我們就會策畫執行。

我是台南下營人，安南不是我的故鄉，這只是一份工作，但有時對我和夥伴來說，這又遠遠不只工作，更是對文化傳承的使命。也許對當地人來說我是外人，但竹籠茇不只是屬於地方的歷史文化，更是台灣珍貴的文化資產。我們想做的，其實是建立讓大家長期交流、倡議的文化行動平台；也許持續做下去會越來越正面，也或許會越來越萎縮，但不做就一定什麼都不會發生。

重現傳統並不只為念舊，過去其實走在現在的前面，過往可以開來，復古是為了創造新的典範。團隊發出號召，將25天的竹茨施工分散在幾個月執行。資訊很快在關注自然建築的圈子傳出，北中南東甚至外國學員從各地來學，原先對外人較為保守的李養也漸被打動，願意授以外人。李養雖年近八旬仍精氣飽滿，眾人也開始議論由李養和學員組成工班、在台灣各地建屋的可能。

當年扛茨走溪流是要走進安穩未來，現在扛茨走溪流，則是要走回大家「聚在一起就是家」的過去。扛茨最重要是分配參與者身高，從前到後從矮到高，每排高度平均才能均攤重量，由指揮部屬大家的呼吸和節奏、調配體力和注意安全風險。路線也要特別規劃，竹屋體積頗大，稍微偏差就會卡在狹巷。參與者出汗出力，居民則沿路拍照吆喝，老一輩懷念的說，上次看到竹屋還是囝仔時候呢。

對我和夥伴來說，這遠遠不只工作，更是對文化傳承的使命。

坦白講，我覺得捲動的地方人還不夠多，文化的傳承基礎還沒打好，自主行動還是比較侷限在某些關鍵人物身上。比如活動主要承辦單位是廟方，剛好去年12月廟方管委會改選，未來還有沒有扛茭走溪流？會不會繼續協力造屋？目前並不是那麼確定。

其實扛茭可以變成廟方定期舉辦的文化慶典，跟當地另一個文化資產「金獅陣」搭配、交替進行去做傳統文化的推展，不要只是曇花一現的放煙火。不是只有廟可以傳承地方文化，還有更多新的可能、新的傳承行動可以發生。無論學校或民間單位，我們希望有更多人站出來，為文化傳承打下基礎。

我的經驗是，地方文化事務都是三年一階段，目前正處在往下一階段邁進的轉捩點。從2018年到現在開始，有更多地方團隊願意出來一起協力，力量是在的，但接下來會怎麼變化值得繼續觀察。文化絕對需要累積而不只看功績，不是做個三年就算了。

家，不只是四面牆內對著螢幕生活，尤其疫後時代，我們在線上與遠道而來互不熟識的人侃侃相談，卻對離自己最近的周遭鄰里不聞不問；偶爾和鄰居電梯相遇眼神閃避不發一言，彼此覺得對方是潛藏的感染源。

現在的我們，選擇百年前的竹屋做為經典復刻，百年後的人又會挑選我們生活中的哪些部份來重現呢？我們的生活有哪些值得被保存？網路上部落格文章搬家，動物森友會邀朋友來喝茶的家，萬物皆興的元宇宙裡掛滿數位藝術品的家……，全世界變成一個超大家，但我們從未如現在這般的孤單。

百年後台南。又一群人試圖重現2022年的過年傳統，第一天大家族塞車返鄉大團圓，第二天小家庭露營車山海小依偎。一群人在真實的空間，費力費時移動到另一個空間，只為了製造一個家，為了讓一個家完整。即使有點笨拙不合時宜，但那就是過去的我們的模樣，那些都很美好，那就是我們之所以要重現過去的理由。

文化傳承，為了知道，還有我們以為不存在的美好。

文化絕對需要累積而不只看功績，不是做個三年就算了。

生活法則

Vol.5

我們自由了

文字、攝影—高耀威

幾個月前，兩位年輕人來找我，打算租一間海邊小屋，來問我的意見，海邊小屋光聽名字，本身就是一件浪漫的事，再加上附帶有大約３０００坪的農林腹地，讓人心生嚮往。

當時我委婉建議他們慎重考慮，這兩年我帶了近十組人去看這裡，房租便宜環境優雅，但就是成不了。我自己也曾考慮承租過，兩間迷你鐵皮屋，其一是一房一廚，另外是兩間連體倉庫，抵達屋子前必須穿越一條約１５０公尺的防風林道（這部分有人覺得是優點，也有人覺得夜歸很可怕），而讓我打退堂鼓的是鏽蝕的鐵皮屋頂，不知

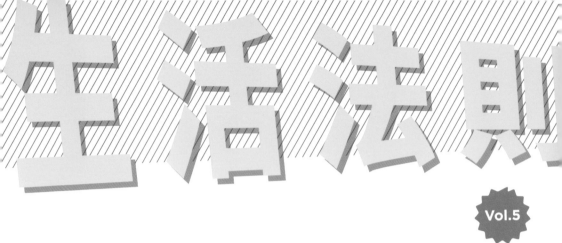

大笨蛋

道會不會一陣強風就變露天雅房，再加上沒有浴廁（只有戶外直接拉到土地的老式廁所），實在讓人無力卻步。

帶著意志長出來的小屋

不過，比爾與依玫很快便決定把房子租下來，我所擔心的一切，似乎不影響他們勾勒的海邊小屋生活藍圖，開始動工改造房子了。那陣子，我剛好也在整理一間老房子，有閒置物資就會問他們是否需要，帶故障的CD音響過去的那天，他們正在拆除主屋內的隔間，鋪個床墊直接睡在倉庫裡；帶紅酒及麵包過去的那天，他們搬到主屋，正在廚房鋪水泥；還有幾次去，他們到附近砍竹子不在家，沒多久前庭的延伸竹製棚子就陸續生出來了。

記得在他們的臉書看到，一承租就住進去的兩人，安裝好水龍頭就直接在戶外洗澡，之後隨著天氣轉涼，又再自行安裝熱水器，房子隨著他們生活有機的進化，彷彿不是透過改造而成，是自己帶著生存意志長出來的一樣。

比爾從小受到家庭很大的栽培與期待，大一時，或許是某種天啟在運作，比爾突然休學搞樂團，還是死亡金屬的團，打算靠此維生，父親大怒與他切斷連結，生活費全得靠自

that's OK.

己。租在1200元的簡易隔間雅房，過了一段拮据的日子後，他到義大利餐廳擔任外場工作，從此對料理產生興趣，轉職成廚師，就這樣脫離體制與家庭，獨自闖蕩生活了8年，接著開始創業，從餐飲系統服務到義式餐廳，遇到空間被都市更新順勢結束餐廳，本來的計畫是回到老家桃園開店，結果卻是飛去澳洲打工渡假，好不容易回到父親期待的軌道上，這次叛逃又再度切斷與家庭的連結。

大無畏的拓荒實驗精神

依玫是比爾的高中同學，想在30歲前出國學習自然農法，兩人於29歲時再度相會隨之相戀，決定一起去澳洲，目的地是昆士蘭州的樸門農場Sugarloaf Permaculture學習樸門生活，在那之前先四處打工旅行。他們從Monkey Mia的度假村到Wiluna的原住民超市，再到Carnarvon的蔬菜包裝廠工作，接著被委託去一間咖啡館擔任主廚（西澳很缺廚師），接著轉至礦石小鎮Lightning Ridge，原打算經營一個露營區的餐飲空間（經營者免租金，需提撥10％的營業額給營區），但疫情影響而作罷，最後抵達樸門農場共同生活。

兩年半的澳洲打工旅行隨著全球疫情緊繃結束，兩人回到台灣，輾轉從關山來到長濱，租下了這棟海邊小屋，之後打算在此開甜點店同時農耕。他們也於小屋旁的荒野

大笨蛋生活法則

高耀威

40 多歲的人，著有《不正常人生超展開》一書，目前經營兩間店，一間是位於台東長濱的書店「書粥」，一間是在台南的共同工作室「白日夢工廠」，每月底會營業幾天「寂寞食堂」，持續練習另一種活下去的方法。

地搭帳篷，未來提供給旅人一處僻靜空間，一起練習野地生活（他們的澳洲半工半旅路線，很接近《遊牧夫婦》這本書，推薦閱讀）。

「海邊小巫」（他們替空間取的名字）已經越來越完整，剛開始睡的倉庫變成廚房，隔壁倉庫是木工房，主屋前延伸出的竹結構棚子作為半露天客席，我端詳結構是以綑綁及竹釘的方式固定，順口問他這自力造屋的能力是從哪習得的，他說是看Youtube上有兩個東南亞人在蓋竹建築，有樣學樣的，我聽了很驚訝，再追問後得知，水泥地板的施作也是最近自己摸索邊做邊調整的，木工的技術是回台灣在關山與朋友一起改造老房子時才接觸的，這種大無畏的拓荒實驗精神，讓我感到佩服。我們坐在稱不上穩固的竹棚下望海、喝拿鐵，心想，就算哪天竹棚飛走了，他們肯定會再造一個更好的，順著自然的流動取捨；如此生生不息的態度，讓海邊小屋更像是陪伴比爾與依玫活著的共同生命體。

比爾談到脫離學校體制時說：「我已是自由之身了！」，我反思什麼是自由，那天在他們身上看到，自由不是表象的無拘無束，自由是起心動念，是坦然面對，是順勢而為。

多年後，回想在民生路老宅相遇的我們

文字、攝影—張敬業

有沒有過這樣的經驗，某個下班後的夜晚，走進一棟位在不起眼巷弄裡的老屋，與那些素未謀面卻一見如故的人們，有過一起歡笑、分享彼此生活的美好夜晚；一起聽著旅行分享會，期待自己也能是下一個帶來豐富視野的夢想家；熱血青年們暢談著自己的理想，聽著聽著心裡好像有某個開關就開啟了；又或者只是幾個人一起捻花惹草的手作課程，卻也療癒了一整個禮拜、不怎麼順暢的心情。

姑且不論老屋是否都有這樣

張敬業
2012年返鄉成立「鹿港囝仔文化事業」，透過社區參與的方式重新認識家鄉。2015年籌辦今秋藝術節，讓人們重新對鹿港有新的想像。近年著重地方青年培力，計畫建構返鄉及移住青年的地方支持系統。

讓人相遇的魔力，但一定有關鍵人物在後面促成這一切的發生。2020年的秋天，透過同樣經營老屋的Leo介紹，初識台中西區的「民生路老宅56-3」和經營者Ivy，趁這次機會，再次拜訪老宅、聊聊兩年來發生的故事。

打造讓大家舒服相遇的機會

聊到與老宅的相遇，Ivy提到在英國打工度假的日子，開啟自由接案的人生，2019年回到台灣後也曾嘗試在共享空間辦公、接案，儘管當時台中的共享空間已經能滿足大部分的辦公、交流需求，但總覺得缺乏工作以外的人際互動，很難讓人有歸屬感，因此萌生想要自己打造一個「像家一樣舒服的地方」，也開啟了尋找老宅的道路。

緣份說來很微妙，老宅剛開始營運的時候，Ivy常跟大家分享「不只人會找老宅，老宅也會找人」。2020年初新冠肺炎疫情剛在台灣蔓延，同時Ivy也在租屋網站上看到民生路老宅出租的訊息，有趣的是，同個街區的其他老宅都屬於台中市政府資產，唯獨56-3這間屬於私宅，也因此屋主希望能更了解新房客的使用方向，再經過幾番企劃提案後，順利成為老宅的新房客。

「民生路老宅56-3」從同年6月開始營運，除了Ivy自己的辦公空間外，大部分是開放讓大家相

地方

（攝影／皮克斯）

遇的空間，就算大部分的人覺得老宅不開咖啡廳、餐廳實在太可惜，但反而是因為想「讓大家相遇」，而增加老宅的可能性。雖說如此，那技術上要如何操作呢？Ivy回想學生時代的社團經驗，就算沒有社課的時間，也會在下課後跑到「社辦」與社團夥伴閒聊生活，就是那種自在又有歸屬感的群聚經驗，成為老宅自開幕以來每週三舉辦的「下班族聚會」活動初心。

關係的連結，是想像的開始

每週三的聚會沒有特定主題、形式、內容，甚至下一週的內容，也是聚會前幾天才決定，唯一固定的只有時間跟老宅。聚會久了也就有固定班底，這些班底有時提早下班就會先過來協助布置場地，而也有人在被發現有特殊專長或經驗後，從觀眾變成下次聚會的講者。聚會的內容只是讓大家相遇的媒介，而「關係的連結」才是真正要經營的主體，也因為參與者都有渴望與他人交流、連結的心，更珍惜彼此相遇、分享的時刻。

透過週三的「下班族聚會」連結到許多有才華的創作者與創業者們，也由此展開了老宅日常的營運企劃。

老宅空間的牆面每隔一段時間，就會有新的創作者來此展覽，而Ivy又希望空間裡能增添有生活氣息的「老件」，就找了專營古董傢俱的「酷庫kuku」來擺設，一

LOCAL NOTE

【成立年份】
2020年

【團隊成員】
1名，Ivy本人；1名下課後來兼職的大學生，還有幾位固定參加活動的椿腳

【成員分工】
Ivy負責企劃與所有的工作

【主要業務】
場租、品牌寄售、活動收入

【收入來源】
展覽、講座、課程、活動行銷、空間租借

段時間傢俱售出後就會再更換一批古董傢俱進來。但只有傢俱沒有使用情境，總感覺缺一味，因此後來也把青年創業的甜點、茶飲、伴手禮設計到空間服務中，提供了預約式的下午茶組合，讓來看展的民眾能有多一點選擇，同時協助創業者的「品牌推廣」也支持空間的營運。Ivy笑說除了她與老宅以外，屋子裡看到喜歡的每個東西都是可以帶走的。

透過分享，形成支持養分

訪談的最後，Ivy提到老宅與大家的相遇都是緣分，也不確定這樣的關係能夠走多久，但她相信多年後再想起那些在老宅裡相遇的回憶，都是成就未來的她很重要的養分。這次的訪談讓我回想2014年進駐鹿港藝術村時，開始的「週三不加班」聚會活動，雖然現在聚會的頻率與內容不如以往熱血，但想想若不是那些聚會的相遇，就不會有後來在鹿港舉辦的藝術節，以及今天鹿港夥伴們事業的開枝散葉。

「民生路老宅56-3」與Ivy促成的發展想像，讓我思考地方支持系統的形成，也許不是因為特別的專業背景或成長歷程，才促使人去推動更豐富的地方生活，而是來自我們樂於分享彼此的生活，因此才形成了支持的力量。

勝手に姉妹郷

日文「勝手」一詞，為自作主張之意，「勝手姉妹鄉」計畫即是擅自開創「姊妹都市」的鄉村版，媒合台日兩鄉、簽結友好締結合約，深化台日鄉村之共好。

工藝產地的活力空間

企劃、翻譯、文字—蔡奕屏
圖片提供—C house、土之輪（ヒジノワ）

和栃木縣陶瓷產地益子的緣份出奇的深，認真算一算到訪益子的次數應超過七次。第一次造訪誰也不認識，但每次都會認識新朋友，和益子的緣分也就越趨深厚。

初次造訪益子的「土之輪」，是因為日本社區設計大師山崎亮的經典之作《社區設計》，那時對書中這個因「土祭」藝術祭而改造、日後大家共同經營的特殊空間留下深刻印象，因此第一次到訪益子就先直奔這裡，以此為圓心陸續探索出發。後來幾次，在土之輪café裡認識了核心成員——編輯簑田

HOUSE
ヒジノワ
勝手に姉妹郷
協定宣言書
湾の「C house」と日本の「土之輪（ヒジノワ）」は、
日台友好の愛と信頼に基づき、
の交流を図り、太平洋地域の共同繁栄を目指し、
と希望に満ちあふれた明るい未来を創造するため、
「勝手な姉妹郷」を結ぶことを合意する。

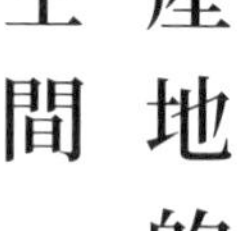

蔡奕屏

因為2019年開啟的日本地方設計師採訪計畫，而開始了和日本大小地方的緣分，並在最後集結成《地方設計》一書。目前續篇《地方〇〇》籌備中。

桑，才知道原來她就是主辦土祭的重要成員、更是益子傳奇刊物《Michikake（ミチカケ）》的主編，也因為她的帶領，才能更認識土之輪的身世與故事。

2021年，因為朋友的介紹，認識過去是木工藝重鎮桃園大溪的創意基地「C house」主人美霞姊，每次和美霞姊聊天，總是離不開工藝話題。也因此，「土之輪」和「C house」、簑田桑和美霞姊，兩個有趣且充滿活力的空間、以及兩位氣質相仿的地方工作者，如果能介紹雙方認識的話，不知道會不會產生有趣的火花呢？心裡默默期待的同時也為雙方牽線，促成了這次的勝手姊妹鄉。

C house
ヒジノワ

勝手姊妹鄉
協定宣言書

台灣「C house」與日本「土之輪（ヒジノワ）」，
基於台日友好之愛與信賴，
為增進太平洋地區的共榮，
深化兩地之鄉村共好，
以共創宇宙間充滿希望與夢想的光明未來，
特此簽訂「勝手姊妹鄉」宣言。

日本
土之輪（ヒジノワ）
（署名）簑田理香

台灣
C house
（簽字）陳美霞

勝手見證人
台日姊妹鄉媒人 蔡奕屏 & 台日姊妹鄉產婆 董淨瑋

2022年 1 月 10 日

紀念品開箱 Unbox!

為了讓台日雙方團體認識彼此，線上會面前特別邀請兩方相互寄送紀念品。

台灣方
C house

C house是自廣告業界引退的美霞姊，回到老家桃園大溪於2015年所建的生活空間。除了不定期的講座交流活動、手工藝工作坊、工藝國際創作營之外，目前更與多位職人合作，推廣三個方向的品牌：丁廚房、茶衫、大溪漆藝研修所。

【創立】2015年
【聯絡代表】C house主人陳美霞（美霞姊）
【成員組成】8位核心成員（主責C house專案共5位，另外丁廚房、工藝基地、茶衫三大計畫各1位）

C house旗下職人手工服飾品牌「茶衫」之茶衫褲裙與領衫
由設計師從台灣的生活與文化取材、手工設計打版，經過數次修改研發而成，加上職人手工剪裁與縫製，並使用天然纖維的布、在台灣定色與染色。

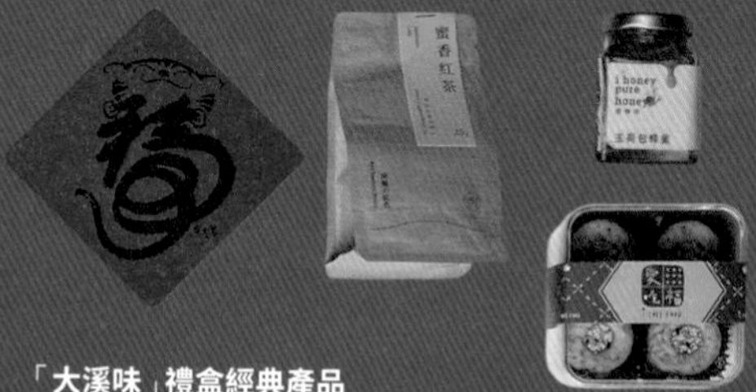

「大溪味」禮盒經典產品
（右上）大溪味夥伴放牧蜂採收的玉荷包蜂蜜
（右下）由大溪味夥伴自家種植的有機桃園3號米加工製成的米餅乾
（中）由大溪味夥伴自種自焙的有機紅茶
（左）大溪水墨家黃哲夫揮毫之液態矽膠春聯

C house原木盤
由日本漆藝家鳥毛清老師設計、大溪木職人製造。船型的設計意象取自早期大溪的大漢溪河港帆船點點，為大溪轉運出一甲子的繁榮盛景。

日本方收禮代表｜簑田桑
木盤看起來很重，但意外的輕巧！而且由日本漆藝家設計、台灣職人製造，也是日台合作的作品呢！

台灣方補充｜美霞姊
茶衫褲裙其實就是漢服的「絝」，既有裙的飄逸，又有褲的實用。

日本方
土之輪（ヒジノワ）

「土之輪」位於栃木縣的陶瓷產地益子，因2009年開展的「土祭」藝術祭典，讓這棟有著120年歷史的老房子重生、改造為藝術祭展覽空間。土祭結束後，若讓老房子再度沉眠甚是可惜，因此由當地的有志之士一起共同經營「值日生制」的café及自由展覽空間。

【創立】2010年7月
【聯絡代表】編輯簑田理香（簑田桑）
【成員組成】核心成員包含陶藝家、網站設計師、益子町公務員、環境設計師、廚師、攝影師等約7人

由簑田桑所發起，集結各路創意工作者共同完成的「益子之歌」專輯CD

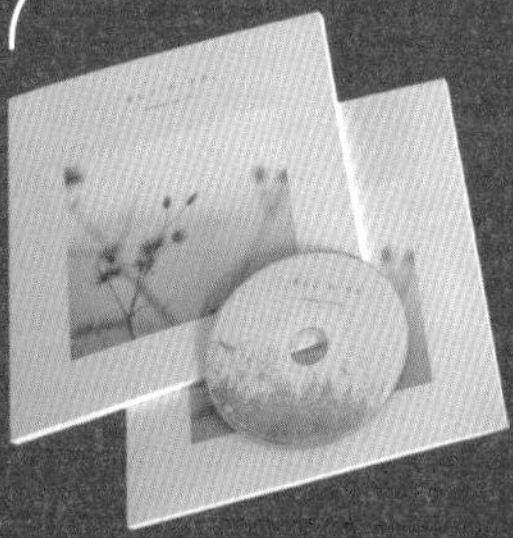

進駐「土之輪」二樓的環境設計師廣瀨俊介所繪的益子風景明信片

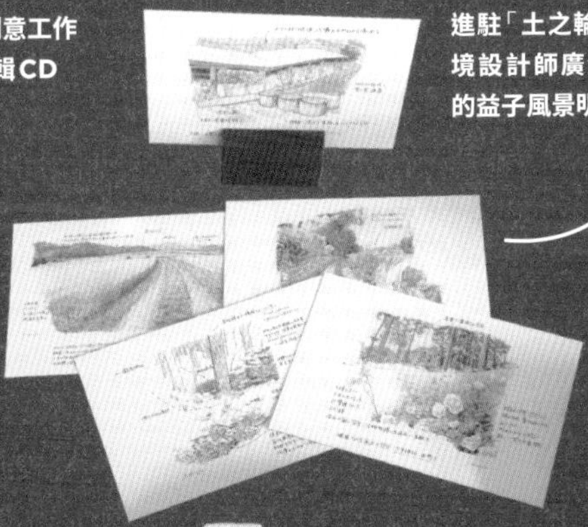

「土之輪」代表、陶藝家鈴木桑所做的陶瓷創作

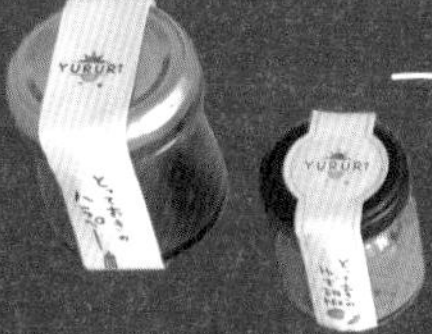

攝影師柴桑所自製的柚子胡椒與墨西哥辣椒醬

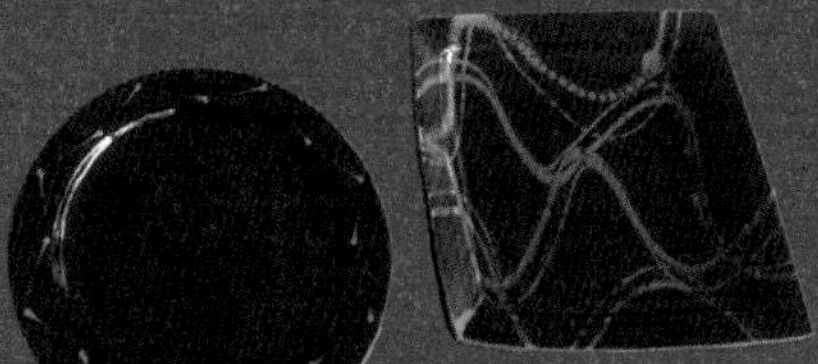

陶藝家船越桑所做的益子燒餐盤

台灣方試吃代表｜美霞姊

柚子胡椒非常的清香，我也來找我們C house主廚商量一下，未來說不定可以和益子一起聯合開發新菜單！

日本方補充｜簑田桑

「益子之歌」是集結音樂家、設計師、攝影師的創意團隊，一起共同創作的益子主題曲喔！

線上會面 Start!

Online Memo	時間	主持與翻譯	線上與談人
	2022年1月中的午後	姊妹鄉媒人 蔡奕屏	**【台灣方】** C house核心夥伴：陳美霞、創意總監Kevin **【日本方】** 土之輪核心夥伴：簑田理香、鈴木稔、廣瀨俊介、船越弘、柴美幸 協力夥伴：須藤ゆう、早瀨由貴、Anna Włodarczyk

透過工藝作品認識一個地方

■簑田桑：大家好，我是簑田，請多多指教。我先來跟大家介紹一下我們的空間「土之輪」。土之輪是一個有著百年歷史、但是閒置許久的老屋，2009年因為益子的藝術祭「土祭」，大家一起動手改造，成了土祭的展示空間。土祭結束後，覺得如果讓空間繼續閒置很可惜，所以大家一起和屋主租了這個空間，並繼續改造整修，最後在2010年7月，「土之輪（ヒジノワ）」就這樣誕生了。之後的2019年，又再度進行建物外觀的改建，一直到現在。

目前，土之輪的一樓空間主要分為café和空間租借兩個部分，由夥伴們共同經營，café的部分是由招募的「值日生主廚」運作，另外空間租借的部分，會有展覽、Live音樂會、電影放映會、講座、工作坊……等活動在這裡發生。

我們也會不定時邀請外地的手作工藝家來一起合作，像是2020年邀請了沖繩宮古島的染織工坊timpad，除了染織作品的展示販售會之外，也舉辦電影放映、講座等活動，希望能夠透過工藝作品來認識另一個地方。

總結來說，土之輪的角色有幾個，首先是因為場地租借費一天只要1000日圓，可以提供一個低門檻、讓大家能夠輕鬆辦展覽或是辦活動的地方；再來是創造一個讓手作工

藝家們彼此交流、也和地方連結的空間。我們現在面臨的課題是，因為運營團隊的年紀平均來說稍微偏高，如何和下一個世代連結，是我們正在思考與努力的面向。

◆美霞姊：謝謝簑田桑的分享。益子的現場好像來了許多朋友，能認識一下大家嗎？

■簑田桑：好的，那我來簡單介紹一下土之輪的核心夥伴：鈴木桑是我們土之輪的代表，從創立至今一直參與的重要夥伴，鈴木桑本身是陶藝家，紀念品包裹裡的藝術品就是鈴木桑的作品；船越桑也是陶藝家，紀念品的兩個盤子是船越桑的作品；廣瀨老師是地景設計師，辦公室就在土之輪的二樓；柴桑是攝影師，有時候也會在土之輪café的早餐時段擔任值日生廚師，另外她也自己種辣椒做各種調味品，紀念品的柚子胡椒等調味料就是柴桑手作的。

其他的外部夥伴有：柴桑擔任值日生主廚時的夥伴須藤桑；曾到台灣打工度假兩年、現在是益子地域振興協力隊的早瀨桑；還有波蘭出生、曾到台灣學中文一年、現在住在益子的Anna桑。

◆美霞姊：哇，有兩個朋友原本就和台灣有深厚的緣份呢！

由工藝而至在地食材和職人

◆美霞姊：換我來介紹一下C house。我是在2015年回到娘家大溪，自己蓋了這個房子，也就是C house，當時就希望這個房子未來可以成為工藝平台，讓許多的工藝職人可以入駐。

目前C house有三個品牌，一個是私廚品牌「丁廚房」，那是因為我們認為工藝要有生活的體驗，才出現這個餐飲品牌，也因此空間裡的桌椅、餐盤等都是和在地的工藝職人共同創作，食材也是和在地的農友合作，我們在地出身、法國藍帶畢業的主廚，會根據四季創作出不同的料理。

另一個是手作服飾品牌「茶衫」，這是為了替在C house育成好的職人搭建更完整的舞台所開創的品牌。我們每次都會針對不同的工作者來構思茶衫的設計，像是國樂音樂家、茶道老師等，目前這個品牌已經開了兩間實體店鋪，也有上架到網路通路。

最後一個品牌是和日本漆藝職人接軌的「大溪漆藝研修所」，也就是邀請日本的漆藝家來C house授課，進行台灣漆藝師資種子的培育。我們在2017年啟動了國際漆藝工作坊，最初由美籍老師Clifton來授課，之後有日籍老師鳥毛清、築地久彌、松田典男、中條伊穗理……等老師來，教授不同的漆藝技法。

■簑田桑：哇，有好多日本知名的漆藝家呢！

◆美霞姊：另外還想跟益子的朋友分享一個不直屬於C house，但也是由我們經手、並且和大溪在地朋友結合的品牌「大溪味」。這個在地品牌結合許多有著不同產品內容的地方年輕夥伴，像是友善耕作的稻農、茶農，還有廚師、工藝家等，我們在2019年合作推出一場餐會的發表，和大家宣告大溪味的成立。

順帶一提，寄給益子朋友的紀念品

裡，就有我們大溪味夥伴用桃園3號米所做的米餅乾、還有紅茶。其實在選擇寄送紀念品的品項時，原本有想要寄送我們這裡的有機米，但因為米無法寄到日本，所以就改成寄送稻米製作的餅乾。那是用100%米粉、沒有添加任何小麥粉做成的米果。

■簑田桑：那我們也同時來試吃！（嚼）歐伊系~好吃耶！

◆美霞姊：會做這種米產品是希望能夠增加稻米的消費量，因為麵粉是外來食材，而米是我們本地生產，當地的二代、三代很積極開發不同的米食，像我們也有另外的年輕夫妻夥伴在做「粿」的推廣。

■簑田桑：日本其實也有面臨吃米飯的人正在減少的問題，因此也有許多稻米的生產者們，努力開發各種米食加工品，像是米製麵條等等米製產品。

以工藝維生的難題，台日皆然

◆Kevin：我是C house的創意總監Kevin，大家好。我還滿好奇的是，因為C house的一個使命是希望能協助工藝家推廣品牌，但在台灣一個工藝家要藉由創作維生難度非常高，不知道日本益子的狀況是如何呢？

■陶藝家鈴木桑：這個問題呢，短時間內真的是有點困難。我想，要以創作來維生這樣的難題，不管是在台灣或是益子，大家應該都有同樣的煩惱。

■簑田桑：我所認識的年輕陶藝家，就有因為陶藝無法維生，所以在創作之外，也去補習班當老師、去超市打工的創作者們。

◆美霞姊：面對大量生產的產品，不管是台灣或是日本的工藝都面臨許多考驗，這個問題很難，但我想我們可以一起努力來找答案。

合作和分享，才能經營地方品牌和場域

■陶藝家鈴木桑：我對大溪味這個地方品牌滿有興趣的，好奇想多知

道一些這個品牌的核心概念是什麼呢？

◆美霞姊：大溪味的成員很多，但大家有的共識有三個，一是環境永續，像是我們夥伴所種植的食材，基本上都是友善種植、無農藥栽種的；再來第二點是創新，也就是透過青年夥伴來導入新觀念到傳統的產業中；第三點是協力，也就是A加B、B又再加C，這樣互助合作的共創方式。

另外我也滿好奇的，不知道目前土之輪的運作模式，共有多少夥伴一起維持呢？

■簑田桑：我們的運作是每個月會開一次會議，目前核心夥伴約有7、8位。

◆美霞姊：還滿好奇在這樣聚集許多不同背景的團隊成員，大家如何合作、協調？

■陶藝家鈴木桑：真的是有點難度呢。大家都是不同的背景、職業，有著不同的專長。其實在日本，像我們這樣的團體許多地方都有，我們有時候就會和這些團體們合作，不管是舉辦活動，或是一起分享交流，當然也就會一起分享面臨的煩惱。我想，今天和台灣朋友們的這個交流會，也算是一個互相分享、經驗交流的機會。

◆美霞姊：我在查益子資料的時候，發現當地也有一些織品工藝職人，益子似乎不是一個只有陶瓷的地方？

■簑田桑：織品相關的話有藍染、草木染、也有織布家，除此之外，益子也還有皮件家、玻璃工藝師、漆器家、手工服飾創作者，真的不只有陶藝家喔。

◆美霞姊：哇，這麼豐富！我們目前也正在籌備一個年底的國際工藝市集，預計11月或是12月舉辦，真希望到時候有機會能邀請益子的陶藝家，或是其他工藝的職人們一起來共襄盛舉。

媒：太棒了！期待年底大溪和益子聯手的市集！C house本身就有工藝家入駐空間之外，最近開始營運的木博園區也有駐村空間，疫情過後益子的朋友們一定要來大溪走走！今天的交流會就到這邊告一段落，我們下次大溪見、益子見囉！

會後悄悄話……

台灣方代表｜美霞姊

謝謝奕屏的牽線，讓我們在疫情期間也能和日本朋友有這樣的線上交流。交流會讓我感受最深的是，我們看到了在日本有一群一樣努力推廣地方的好、串連地方夥伴的朋友，雖然是初次見面，但是情感卻像是可以串流一般，有著非常close的貼近感！能知道、並認識日本也有一群這樣熱情並走在同一條路上的朋友，給了我們許多的激勵、也讓我們能走得更堅定！

日本方代表｜簑田桑

能有這樣的交流會真的太棒了！我想，不管是日本還是台灣，我們都看到手工藝存在於生活中的重要意義。另外，看到C house的介紹，不管是設計與行銷等面向，都非常專業，也讓我回頭想土之輪因為都是志工夥伴營運，相較之下好像比較「隨性」一些，因此透過和C house的對照，也讓我們有許多收穫。未來，我們一定會去大溪拜訪！

山裏食

以食為引，走進高雄山間廚房

深入自然料理、
手藝餐桌，
探訪與山林氣息相通的廚房

地味手帖【10】

地方兼業——創造自己的在地交往

主編——董淨瑋
編輯顧問——林承毅
特約行銷——魏曉恩
封面設計——廖韡
內頁設計——Debbie Huang、安比

社長——郭重興
發行人暨出版總監——曾大福
出版——裏路文化有限公司
發行——遠足文化事業股份有限公司
地址——新北市新店區民權路108-3號8樓
電話——02-2218-1417
傳真——02-2218-8057
Email——service@bookrep.com.tw
客服專線——0800-221-029

法律顧問——華洋國際專利商標事務所 蘇文生律師
印刷——凱林彩印股份有限公司
初版——2022年2月
定價——380元

地方兼業：創造自己的在地交往/董淨瑋主編. -- 初版. –
新北市：裏路文化有限公司出版：遠足文化事業股份有限公司發行, 2022.2
面；　公分. -- (地味手帖；10)
ISBN 978-626-95181-3-5(平裝)
552.33　　111001054

【更正啟事】《地味手帖NO.09街區一直在——地方生活感的來處》P.87、88內文將「歸綏街」誤植為「臨沂街」。編輯部謹以此勘誤向受訪者與讀者致歉。

山是一座廚房。

以食為引，探訪那處與山林氣息相通的廚房。從「淺山」往「深山」方向前進，看見不同地理環境樣貌中孕育的風土場所，及陪伴餐桌的手作之器，最後則以食材料理，回訪山林。我們往山裏走，也終究要回到自己安住的所在。

高雄市政府文化局
Bureau of Cultural Affairs Kaohsiung City Government
make paths 裏路